雇止め

弁護士・
元労働基準監督官
中野公義 [著]

裁判所の判断がスグわかる本

日本法令

はしがき

　「契約の更新は義務ですか」と相談を受けたときに「解雇権濫用法理が類推される場合があります」「労働契約法19条により更新される場合があります」と法律用語を並べたところで、相談者はどれだけ納得されるでしょうか？

　「更新してほしいけれど雇止めされそうで心配です」といった相談者について、何が問題となるか具体的に確認することができるでしょうか？

　本書は、およそ過去5年間の労働判例（産労総合研究所発行）に掲載された裁判例を中心に、雇止め及び合意退職と、それらに伴う賃金支払請求、不法行為について法律上及び事実認定上の裁判所の判断を整理してまとめたものです。そのタイトルからもわかるように、拙著「〔労働時間・残業代〕裁判所の判断がスグわかる本」及び「〔パワハラ・セクハラ〕裁判所の判断がスグわかる本」の姉妹本です。

　世の中に、残業代や雇止めを含む労働事件に関する書籍は数多く出版されており、実務上有用なものも少なくありません。しかし、内容があまりにも高尚すぎ、実務に携わる者として、その内容を実務にフィードバックするハードルの高さを常々感じていたところです。

　そこで、労働紛争の行き着くところは裁判所である以上、裁判所の判断になるべく容易にアクセスでき、かつ、実務にフィードバックしやすい書籍を提供することを目的として本書の執筆を開始しました。

　本書は、名もなき弁護士が、複数の裁判例から、特徴的な判断を取り出し、並べ替えてまとめるという単純作業（肉体労働）をしただけのものです。崇高な見解や高度な技術論又は即効性のある方法論は含まれておらず、本書を読むだけで労働事件のスペシャリストとなることはできません。

　しかし、掲載された各裁判例の有する特徴的な判断に短時間で、効率よく接することができ、本書を携えるだけで、労働事件に関する「引き出し」は、格段に増えるはずです。

契約更新の相談を受けた時、法律の規定の説明だけを受けても相談者は納得しません。相談者が使用者か労働者かによって説明すべきことが異なるだけでなく、相談内容の実情に応じて具体的な説明をすることができる必要があります。この時に、「このような裁判例があります。」と付け加えることができれば、説得性が格段に増すはずです。

　また、雇止めの効力を判断するにあたり、「合理的な期待」という抽象的な要件が、具体的な事実によって基礎付けられなくてはなりません。裁判例の中には、判断の根拠となる具体的な事実や証拠が必ず示されています。「このようなことはありませんでしたか？」「このような資料は残っていますか？」という視点での対応が、相談の質を高めてくれるはずです。

　筆者もそうですが、具体的な事件を通じて経験し、学ぶことには限りがありますし、その経験だけで、次に依頼される未知なる事件に対応することはできません。裁判所の判断を学ぶことは、これから出会うであろう労務や労働事件に取り組むにあたって、必ず自分を助けてくれるはずです。

　「裁判所の判断がスグわかる本」は、本書と同時期に発刊される「〔解雇〕裁判所の判断がスグわかる本」と合わせて、4冊を世に送り出していただくこととなりました。初めての書籍の執筆から数年間でこのような機会をいただくことになるとは予想だにしておりませんでした。

　行政経歴が特に長いとはいえず、弁護士としてもまだまだ未熟な筆者に対して、このような貴重な機会を与えてくださった数多くの関係者の方々には、大変感謝しております。特に、膨大な校正等の作業にご尽力くださった八木さんに対しては、この場をお借りして、改めてお礼申し上げたいと思います。

　最後に、実務をこなしながら、体系的に労働法や裁判例を学ぶだけの余裕に恵まれる方はいないと思われます。本書が、実務で活躍される多忙な方々の、必携の書となれば幸いです。

令和2年8月　弁護士　中野公義

CONTENTS

第1章　雇止め等に関する基礎知識

第2章　雇止め

＜巻末資料＞

第1章

雇止め等に関する基礎知識

　本章は、雇止めや労働契約上の権利を有する地位の確認に付随して問題となる賃金の支払い等の労働事件に携わるために、必要最低限の労働関係法令及び判例法理について、説明するものです。

　雇止めは、解雇とは異なり、期間が満了することにより労働契約が終了することが原則です。その上で、労働契約法の規定により、一定の類型に該当する労働契約については、更新されたものとみなされるという制度設計がされています。

　そのため、雇止めを無効とし、労働契約が継続（更新）したものとみなされるためには、そのような類型の有期労働契約に該当するかどうかが問題となり、それがクリアされたとき、雇止めの当否が判断されるという構造となっています。

　本書は、裁判所の判断を業務に活用しやすくするために、次章以降で、各種の論点ないし要件ごとにその判断を紹介するものです。労働関係法令及び判例法理を知らなくとも、過去の裁判所の判断を押さえるということだけでも実務上有用ではありますが、やはり、そのような知識を備えている場合とそうでない場合とでは、その裁判例が問題とする論点やその判断から得られる視点が異なってくるはずです。

　そのため、労働関係法令及び判例法理について一般的な知識を有する方は、本章は読み飛ばしてくださって構いませんが、必要に迫られて本書を手に取られた方や、解雇・雇止めについての個別労働紛争にあまり馴染みのない方については、ぜひ、本章をご一読ください。

1 雇止め

（1）定義 〜雇止めとは？〜

Q

雇止めとは何ですか。

A

有期労働契約の終了にあたり、使用者が、労働者に対し、契約を更新しないことを明らかにして通知することをいいます。

【問題の所在】

有期労働契約は、期間の満了により当然に終了しますが、契約を更新して新たな労働契約を締結（更新）すれば、引き続き就労することも可能です。

そのため、期間の定めがない場合には、解雇等により例外的に労働契約が終了するのに対して、有期労働契約の場合には、契約が更新されることにより、例外的に雇用関係が継続することとなります。つまり、期間の定めの有無により、雇用関係の存続について原則と例外が逆となる関係にあるため、何らかの規制がかからないのでしょうか。

【民法】

民法629条は、「雇用の期間が満了した後労働者が引き続きその労働に従事する場合において、使用者がこれを知りながら異議を述べないときは、従前の雇用と同一の条件で更に雇用したものと推定

する。この場合において、各当事者は、第627条の規定により解約の申入れをすることができる。」と規定しています。

そのため、同条の規定する「引き続きその労働に従事する場合」においては、雇止めを通知することにより、期間の満了により労働契約が終了することとなりますが、あまり、このような状況が想定されるものではありません。

【労働基準法14条】

労働基準法14条1項は、有期労働契約の期間の上限を原則として3年間、例外的に専門的知識を有する労働者及び60歳以上の労働者の場合は5年間としています。

同条項では、かねてから、長期間労働契約に拘束させないために、期間の上限を1年間としていましたが、契約を更新し長期にわたり雇用関係を継続することが一般的に見られるようになったことから、上限を3年としたものです。

同条2項では、厚生労働大臣が有期労働契約の締結等に関して使用者が講ずべき事項についての基準を定めることができるものと規定しています。それを受けた厚生労働省告示により、契約締結時の明示事項（更新の有無等）、雇止めの30日前までの予告、雇止めの理由の明示等を行わなければならない旨が定められています。

もっとも、この規定は、雇止め自体を規制するものではなく、また、契約の更新を強制するものでもないため、雇止めの民事上の効力を否定するものではありません。

(2) 労働契約法19条1号 ～東芝柳町工場事件～

Q

何度も契約を更新していた場合、雇止めが認められない場合はありますか。

A

労働契約法19条1号に該当する場合には、雇止めが認められない場合があります。

【問題の所在】

　契約が更新されることにより長期にわたり雇用関係が継続していながら、使用者の都合により雇止めとなる場合があります。

　この場合、労働者は、解雇されたときと同じような状況に置かれることとなります。しかしながら、解雇の場合と異なり、雇止め自体を争えないのであれば、労働契約法16条を潜脱する目的で有期労働契約が用いられることにもなりかねません。

【労働契約法19条1号】

　労働契約法19条は、一定の類型に該当する有期労働契約について、解雇の場合と同様、雇止めすることに「客観的に合理的な理由」がなく、「社会通念上相当」であると認められないときは、契約を更新したと「みなす」ものと規定しています。

　同条1号は、その類型として、過去に反復して更新されたことがあり、雇止めをすることが、解雇により期間の定めのない労働契約を終了させることと社会通念上同視できるものを挙げています。

　この条文及び同条1号は、昭和49年7月22日最高裁判決（東芝柳町工場事件）の判断を立法化したものです。この判決では、契約期間を2月とする労働契約について、5回ないし23回にわたって

更新された各労働者の労働契約について、必ずしも期間満了前に更新手続がされていたわけではなかったという実態を踏まえ「期間の満了毎に当然更新を重ねてあたかも期間の定めのない契約と実質的に異ならない状態で存在していた」と認め、雇止めの効力について、解雇権濫用法理を類推することを認めたものです。

(3) 労働契約法19条2号 〜日立メディコ事件〜

Q

更新されると期待していた場合、雇止めが認められない場合はありますか。

A

労働契約法19条2号に該当する場合には、雇止めが認められない場合があります。

【問題の所在】

有期労働契約であっても、労働契約法19条1号に該当しなければ、雇止めに解雇権濫用法理を類推することができません。

しかし、有期労働契約であっても、事業の基幹的業務を担当するなど、契約が更新され継続的に雇用されることが期待される場合もあります。

【労働契約法19条2号】

労働契約法19条2号は、有期労働契約が更新されるものと期待することについて「合理的な理由」がある類型の労働契約を挙げ、これについて、雇止めすることに「客観的に合理的な理由」がなく、「社会通念上相当」であると認められないときは、契約を更新したと「みなす」ものと規定しています。

同号は、昭和61年12月4日最高裁判決（日立メディコ事件）の

判断を立法化したものといわれています。この判決では、結論とし
て雇止めの効力を否定しませんでしたが「臨時的作業のために雇用
されるものではなく、その雇用関係はある程度の継続が期待されて
いた」ものであり、実際に5回にわたり契約が更新されていたこと
から、解雇権濫用法理が類推されるものと判断しました。

【補足】

　裁判例では、雇止めの効力について「有効」か「無効」という表
現をすることが多くありますが、本書では、「相当」か「相当でない」
かという表現で、裁判所の判断を記載しています。

　理由は、労働契約法19条が、同条の効果として更新されたもの
と「みなす」と規定しており、解雇（同法16条）の場合のように、「無
効」という用語を用いていないからです。

　もちろん、契約を更新しない旨の意思表示を法律行為ととらえ、
その効力という意味で有効か無効かという表現を行うことが誤りと
はいえませんが、法律の規定が基本だと考えてのことです。

② 定年後再雇用

(1) 高年法9条 ～継続雇用制度～

Q

60歳の定年により雇用関係が終了しても、引き続き、嘱託社員等の名称で雇用関係を継続することは可能でしょうか。

A

高年齢者等の雇用の安定等に関する法律（高年法）9条により、65歳まで継続して勤務できるような措置がとられていれば可能です。

【問題の所在】

「定年制」とは、労働者が一定の年齢（定年）に達したことを雇用関係の終了事由として規定する制度です。しかし、どの年齢をもって定年とするかは、年金受給年齢との関係もあり、労働者にとっての関心事でもあります。

そこで、定年制を前提としながらも、社会保障制度との関係から、定年に対する直接的な規制や、一定の年齢に達するまで雇用関係を継続できるための立法が求められることとなります。

【高年法8条、9条】

定年制を規定するかしないかは、使用者の自由ではありますが、高年法8条本文は、「60歳を下回ることができない。」と規定しています。

また、同法 9 条は、高年齢者雇用確保措置として、65歳未満の定年の定めをしている事業主に対して、65歳までの安定した雇用を確保するために、次のいずれかの措置を講じなければならないと規定しています。

```
①　定年の引上げ
②　継続雇用制度の導入
③　定年の定めの廃止
```

　上記②は、労働者が希望する場合に、定年後も引き続き雇用する制度のことであり、原則として、希望者全員が対象となります。しかし、心身の故障のため業務に堪えられないと認められること、勤務状況が著しく不良で引き続き従業員としての職責を果たし得ないこと等就業規則に定める解雇事由又は退職事由（年齢に係るものを除く）に該当する場合には、継続雇用しないことができるものとされています。

　また、平成25年 3 月31日までに労使協定により継続雇用制度の対象者を限定した場合には、その労使協定に基づき再雇用すればよく、場合によっては、解雇事由と同等の理由がなくとも再雇用をしないでよいこともあります。

　なお、令和 2 年の第201回国会（令和 2 年常会）において、雇用保険法等の一部を改正する法律が成立し、上記高年法で、65歳ではなく70歳までの高年齢者就業確保措置（定年引上げ、継続雇用制度の導入、定年廃止、労使で同意した上での雇用以外の措置（継続的に業務委託契約する制度、社会貢献活動に継続的に従事できる制度）の導入のいずれか）が努力義務として課されることとなりました。改正法の施行は、令和 3 年 4 月となっています。

(2) 高年法9条の法的性質 ～私法上の効力の有無～

Q

会社に、定年後再雇用制度がない場合であっても、高年法9条を根拠に、定年後も引き続き雇用関係を継続するように求めることは可能でしょうか。

A

使用者が継続雇用制度を定めていれば可能だといえますが、それがない場合には困難です。

【問題の所在】

解雇や雇止めについては、その効力を否定し、雇用関係を継続することが労働契約法により整備されています。

では、高年法9条の規定を遵守していない使用者に対し、同条2項を根拠として、雇用関係の終了の効力を否定することができないか問題となります。

【高年法9条の性質】

高年法9条1項は、65歳までの雇用を確保する制度の導入を義務付けているものであり、その1つが2号の継続雇用制度です。

継続雇用制度により引き続き雇用される場合には、労働条件を変更することも可能であり、また、変更後の労働条件に合意できず、結果として労働者の継続雇用が拒否されたとしても、高年法違反とはなりません。

そして、継続雇用制度が導入されたにもかかわらず、継続雇用の希望が拒否された場合には、その理由を争い、その導入された制度を前提に雇用関係の継続を求めることも可能だといえます。

しかし、同法9条1項2号を含む措置を導入しなかった使用者に対し、同法を根拠として雇用関係の継続を主張することはできないものと解されています。

　理由は、同法9条が使用者に課す義務は、個別の労働者に対して雇用を継続する義務ではなく、あくまでも公法上の措置を講ずる義務だからです。そのため、同条1項に違反した場合には、厚生労働大臣による指導及び助言並びに勧告をすることや（同法10条1項ないし2項）、勧告した事実及びそれに従わなかった場合にはそのことを公表することができるとされています（同法10条3項）。

　また、同法9条は、使用者が講じるべき措置について私法上の効力を有する程度に具体的な内容を規定したものではありません。例えば、割増賃金の規定が就業規則に規定されていなかった場合に、労働基準法37条の規定が、同法13条により労働条件となるように規定されており、その内容は、具体的で一義的に定まり得るものです。しかし、高年法にはそのような規定もありませんし、再雇用された場合の労働条件が一義的に定まるということもありません。

　したがって、高年法9条を根拠に、継続雇用制度が設けられていればその労働条件により雇用関係を継続することを求めることはできますが、制度自体が設けられていなければ同条を直接的な根拠として雇用関係の継続を求めることは困難といえます。

3 賃金支払請求

(1) 民法536条2項 ～債権者の責めに帰すべき事由～

Q

解雇や雇止めが無効と判断されることで、何か実益がありますか。

A

賃金の支払いを受けることができます。

【問題の所在】

労働者が、解雇や雇止めの効力を争う理由は、名誉を回復するという一面もあるかもしれませんが、究極的には、生活の糧としての賃金の支払いを受けるためということができます。

しかし、解雇を争う場合、それが無効と判断されたとしても、それまでの間、労働者は、就労できない場合がほとんどのはずです。

【民法536条2項】

民法536条2項は、「債権者の責めに帰すべき事由によって債務を履行することができなくなったときは、債権者は、反対給付の履行を拒むことはできない。この場合において、債務者は、自己の債務を免れたことによって利益を得たときは、これを債権者に償還しなければならない。」と規定しています。

ここで、「債権者」とは使用者のことであり、「債務者」は労働者のことを意味します。「債務」は労働者が労務を提供する債務のことであり、「反対給付」は賃金の支払いを意味します。

そして、「責めに帰すべき事由」は、無効な解雇や雇止めを理由に就労を拒んだことがこれにあたります。

つまり、使用者が、権利濫用により無効となるにもかかわらず解雇権を行使し、あるいは雇止めし、それを理由に就労を拒んだのだから、労働者が労務を提供できなかったとしても、賃金の支払いを受けることができるということになります。

(2) 中間利益の控除 〜別の収入を得ていた場合〜

Q

裁判で解雇の効力が無効と判断された場合において、その間、別の職に就き収入を得ていても、賃金の支払いを受けることができますか。

A

得ていた収入の額にもよりますが、平均賃金の6割については、最低でも支払いを受けることができます。

【問題の所在】

解雇され就労を拒まれたことにより他から収入を得ることができたのであれば、賃金の支払いを受ける前提を欠くとも思えます。

そこで、このような場合に、賃金と支払いを受けた収入とがどのように調整されるのかが問題となります。

【民法536条2項】

民法536条2項後段は、「この場合において、債務者は、自己の債務を免れたことによって利益を得たときは、これを債権者に償還しなければならない。」と規定しています。

使用者から、そのような主張がされた場合には、それを控除した額の賃金しか支払いを受けられなくなります。

【最高裁判例】

　平成18年3月28日最高裁判決（いずみ福祉会事件）は「使用者の責めに帰すべき事由によって解雇された労働者が解雇期間中に他の職に就いて利益（以下「中間利益」という。）を得たときは、使用者は、当該労働者に解雇期間中の賃金を支払うに当たり中間利益の額を賃金額から控除することができるが、上記賃金額のうち労働基準法12条1項所定の平均賃金の6割に達するまでの部分については利益控除の対象とすることが禁止されているものと解するのが相当である。したがって、使用者が労働者に対して負う解雇期間中の賃金支払債務の額のうち平均賃金額の6割を超える部分から当該賃金の支給対象期間と時期的に対応する期間内に得た中間利益の額を控除することは許されるものと解すべきであり、上記中間利益の額が平均賃金額の4割を超える場合には、更に平均賃金算定の基礎に算入されない賃金（同条4項所定の賃金）の全額を対象として利益額を控除することが許されるものと解される。」と述べています。

　具体的には、使用者から支払われるべき賃金（反対給付）が次のとおりだったとします。この場合、簡便化のために平均賃金月額も30万円とします。

- ・平成30年1月から同年12月まで
  合計460万円（内訳）　　　　　①月額30万円の12月分
  　　　　　　　　　　　　　　　②賞与50万円の2回分
- ・平成31年1月から同年3月まで
  合計90万円（内訳）　　　　　③月額30万円の3月分

　これに対し、労働者が別の使用者に雇用され就業して得た収入（利益）が次のとおりだったとします。

　このとき、④に対応する期間における①の賃金からこれを控除できますが、平均賃金の6割については控除が禁止されていますので、216万円（＝ 30万円 × 6割 × 12月）は支払いを受けることができます。

　残りの144万円（＝ 360万 − 216万）については、平均賃金の4割の部分として、④の300万円を控除（0 ＞ 144万円 − 300万円）することとなり、これについては支払う必要がなくなります。

　さらに、平均賃金の4割を超える部分の残りの中間利益156万円（＝ 300万円 − 144万円）については、平均賃金の算定基礎から外れる②賞与からさらに控除することができるので、②については、中間利益を控除すること（0 ＞ 100万円 −156万円）により支払う必要がないということになります。

　しかし、④の期間に対応しない③の賃金については、中間利益として控除することができませんので、③については支払義務を免れません。

　その結果、使用者は、306万円（＝ 216万円 ＋ 90万円）の支払義務を負うこととなります。

4 不法行為

Q

解雇が無効となった場合、賃金だけでなく、慰謝料の支払いを求めることはできますか。

A

原則として、支払いを求めることはできません。ただし、賃金の支払いだけでは精神的苦痛を慰謝するに足りない場合には認められる場合があります。

【問題の所在】

　裁判所が解雇の効力を無効と判断し、結果として、それまでの賃金の支払いを受けられたとしても、その間、労働者は訴訟追行による経済的及び精神的な負担を強いられることとなります。

　そこで、解雇が違法という理由で不法行為の成立を主張して、賃金だけでなく、慰謝料の支払いを求められるかが問題となります。

【裁判例の傾向】

　賃金の支払いを受ける権利は、労働契約を根拠として認められるものです。

　それに対して、慰謝料のような損害の賠償を求めるためには、不法行為の成立を根拠としなければ認められません。

　不法行為が成立するためには「損害」が生じる必要がありますが、解雇の効力を争った期間の賃金を「損害」とすることはできません。なぜなら、賃金債権自体を失ったとはいえず、解雇が無効である以

上、その支払いを求めることができるからです。

　そこで、労働者としては精神的損害として慰謝料を請求することが考えられますが、解雇自体は、一応、使用者としての権利行使として認められているものです。それを濫用したと認められたとしても、そのことが、直ちに、不法行為の要件である故意・過失行為にあたると判断されるものではありません。

　そのため多くの裁判例では、賃金の支払いにより精神的苦痛は慰謝されるということを理由に、不法行為を否定するのが一般的となっています。ただし、それだけでは精神的苦痛を慰謝するのに十分でない場合には、例外的に、不法行為が成立すると判断される場合があります。

　例えば、妊娠・出産を理由として解雇が行われた場合などです。具体的な判断については、各裁判例で確認してください。

第2章

雇止め

　労働契約法19条各号のいずれかに該当する有期労働契約について、契約期間が満了した際、契約を更新しないこと（雇止め）が客観的に合理的な理由を欠き、社会通念上相当であると認められない場合は、同条の効果として、同一の労働条件で契約が更新されたものとみなされます（労働契約法19条柱書）。

　また、定年後再雇用や労働契約以外の契約に労働契約法19条の適用ないし類推適用が主張される場合があります。労働契約法19条が予定していた場面以外の場面において、その適用について裁判所が興味深い判断をしているものがあります。

　本章では、契約を更新されることなく雇止めとなった労働契約について、労働契約法19条の適用を前提に、契約のみなし更新の効力が争われた裁判例を見ていきます。
　そして、どのような場合にその要件を満たすと判断されるのかを説明するとともに、その理解を深めるために、定年後再雇用等について、同条の適用ないし類推適用が問題となる場面での裁判所の判断も見ていきます。

1 労働契約法19条1号該当性

（1）更新回数 〜回数は問題ではない？〜

> **Q**
>
> 更新回数が多ければ、労働契約法19条1号該当性が認められやすくなりますか。

> **A**
>
> ケースバイケースです。更新回数が多いことは当然必要ですが、手続の状況が問題となります。

【問題の所在】

　労働契約法19条1号は、「過去に反復して更新されたことがある」労働契約について、期間の定めのない労働契約と同視できる場合には、同条の法定更新の効果を付与するものとなっています。

　では、どの程度反復して更新されることが必要なのでしょうか。

裁判例：約30年にわたり約30回更新

　平成27年10月16日鳥取地裁判決（**66・三洋電機（契約社員・雇止め）事件**）は、約30年にわたり約30回、労働契約を繰り返し更新した労働者に対する事業譲渡を理由とする雇止めについて、相当と判断したものです。

　更新手続の状況から、19条1号該当性は否定されました。

　平成29年5月18日名古屋高裁判決（**104**・ジャパンレンタカー事件・控訴審）は、原審（平成28年10月25日津地裁判決・**85**）の判断を維持し、雇止めを相当でないと判断したものです。

　労働者の業務内容が正社員とそれほど異ならず更新手続が形骸化していたとして、19条1号該当性を肯定しました。

裁判例：20回更新

　平成26年4月22日さいたま地裁判決（**34**・学校法人大乗淑徳学園事件）は、期間途中に行われた解雇は無効と判断しましたが、雇止めについて相当としたものです。

　労働者は、平成3年4月1日、契約期間を1年間として雇用され、以後、更新を繰り返し、平成23年4月1日にも契約を更新されましたが、平成24年3月31日に雇止めとなったものでした。更新手続の状況から、19条1号該当性は否定されました。

裁判例：12年で51回更新

　平成29年12月25日岐阜地裁多治見支部判決（**114**・エヌ・ティ・ティマーケティングアクト事件）は、雇用期間を3か月とする有期労働契約を反復更新してきたところ、平成27年10月1日以降の契約更新をしなかった雇止めを相当でないとしたものです。

　最も長い労働者で12年で51回更新されましたが、更新手続の状況から19条1号該当性は否定されました。

裁判例：19年間合計12回更新

　平成29年11月28日横浜地裁判決（**112**・公益財団法人東京横浜独逸学園事件）は、約19年間、1年間ないし3年間の契約を合計12回更新した労働者に対する雇止めについて、相当でないとした

ものです。

　労働者の業務が基幹的な業務であったとしましたが、更新手続が形骸化していないとの理由から19条1号該当性は否定されました。

裁判例：19回更新（中断前のものを含めると33回更新）

　平成27年7月31日東京地裁判決（**63・シャノアール事件**）は、雇用期間3か月の有期労働契約を、平成15年8月24日から平成19年3月27日まで14回更新を繰り返し、平成20年7月7日から平成25年6月15日まで19回更新を繰り返した労働者に対する雇止めを相当としたものです。

　更新手続の状況から、19条1号該当性は否定されました。

裁判例：17回更新

　平成27年10月15日横浜地裁判決（**65・エヌ・ティ・ティ・ソルコ事件**）は、15年7か月にわたり期間1年又は3か月の雇用契約を約17回更新したパートタイム社員に対する雇止めが相当ではないと判断されたものです。

　業務が恒常的・基幹的なものであり、更新状況が形骸化していたという理由で19条1号該当性が肯定されました。

裁判例：14回更新

　平成27年3月26日東京地裁立川支部判決（**56・警備会社A事件**）は、雇止めを相当と判断したものです。

　労働者は、かねてから警備業を行う会社で勤務し、使用者の下に雇用された時には、65歳でした。雇用期間3か月の雇用契約を14回更新したのちに雇止めされましたが、通算して3年9か月であることから、19条1号該当性を否定しました。

（2）更新手続の状況 ～手続の形骸化～

Q

更新手続の状況がどのような場合に労働契約法19条1号該当性が肯定されますか。

A

更新のための面接も行われていないような場合に、形骸化しているとして、19条1号該当性が認められたものがあります。

【問題の所在】

　労働契約法19条1号にいう有期労働契約は、過去に反復して更新されただけでなく、期間の定めのない労働契約と社会通念上同視される必要があります。

　どのような場合にそのように認められるのでしょうか。

裁判例：準社員について業務内容が正社員と同じで
　　　　　更新の際に面接が行われていたとは
　　　　　認められないと判断されたもの

　平成25年12月10日大分地裁判決（**19**・ニヤクコーポレーション事件）は、過去に反復して更新された有期労働契約に対する雇止めについて、労働契約法19条1号、2号の該当性を認め、相当でないとしたものです。

　労働者は、平成17年10月1日から平成18年3月31日までを期間とする労働契約を締結し、期間社員として使用者に雇用されました。また、平成18年4月1日、同日から平成19年3月31日までの1年間を期間とする労働契約を締結し、準社員として雇用され、以後、この契約を更新し、平成24年4月1日には、同日から平成25年3月31日までの1年間を期間とする労働契約に更新しました。

裁判所は、労働者（準社員）の業務が正社員の業務と同じことを前提に、「準社員就業規則には、準社員の労働契約を更新する際に面談すべきことが記載されていたが、原告（注：労働者）の労働契約の更新に際して必ず面接が行われていたとは認められず、また、準社員の労働契約の契約書に、契約更新の有無について考慮すべき事由が記載されており、仮に何らかの形により面接が行われたとしても、労働期間の制限があることについて従業員の理解を得られるような説明をしていたとは認められない…。また、準社員の有期労働契約についての更新拒絶の件数は、少なかった…。そして、正社員と準社員との間には、転勤・出向の点において、大きな差があったとは認められず、チーフ、グループ長、運行管理者、運行管理補助者への任命の有無によって、正社員と準社員の間で、配置の変更の範囲が大きく異なっていたとまではいえない…。」などとして19条1号該当性について肯定しました。

裁判例：業務が恒常的・基幹的なものであったこと及び更新状況を考慮して肯定したもの

　平成27年10月15日横浜地裁判決（**65**・エヌ・ティ・ティ・ソルコ事件）は、15年7か月にわたり期間1年又は3か月の雇用契約を約17回更新したパートタイム社員に対する雇止めが、労働契約法19条1号に該当するとした上で、相当ではないと判断されたものです。

　裁判所は「被告（注：使用者）は、ＮＴＴのグループ会社からコールセンター業務を受託して運営することを主な業務としているところ、原告（注：労働者）が従事していた104業務は、受託業務の中でも長く受託されてきた業務であり、規模が縮小しているとはいえ、同様に長く受託してきた他の業務が終了したり、一部の業務は他社に移行したりする中で、一定の人員が確保され、なお継続している

もので、被告の恒常的・基幹的業務であると認められる。」「被告では、有期雇用社員が社員全体の約9割を占めていること、…、原告の勤務日は原則週5日であり、勤務時間は主に午後10時55分から翌日午前8時までと深夜帯であるものの、所定労働時間は8時間であることからすれば、原告は、賃金が低くパートタイム社員と扱われているが、一般の常用労働者とほぼ変わらない勤務条件で勤務していたものと認められる。」「原告の雇用契約更新状況をみると、…約17回の更新を経て勤続年数が15年7か月に及んでおり、更新手続は、契約期間終了前後にロッカーに配付されるパートタイマー雇用契約書に署名押印し、これを提出するというごく形式的なものであり、形骸化していたといわざるを得ない。」として労働契約法19条1号該当性を肯定しました。

裁判例：業務内容が正社員とさほど異ならず 更新手続が形骸化していたもの

平成29年5月18日名古屋高裁判決（**104・ジャパンレンタカー事件・控訴審**）は、原審（平成28年10月25日津地裁判決・**85**）の判断を維持し、雇止めを相当でないと判断したものです。

裁判所は「原告（注：労働者）は、平成4年4月1日から平成26年12月20日の本件雇止めに至るまで、被告（注：使用者）営業所間を異動しながら、22年以上もの間、6か月ごと又は2か月ごとに被告との有期労働契約の更新を繰り返していたこと、原告の業務内容は、6か月あるいは2か月で終了するような期限が決められた業務ではなく、勤務時間帯が夜間であるというだけで、正社員とそれほど変わらない業務内容であったこと…、原告が雇用されていた間、被告から意に反して雇止めにされた従業員はいなかったこと、更新手続は形骸化しており、雇用期間満了後に更新手続が行われることもあったこと等からすれば、原被告間の有期労働契約は、期間

の定めのない労働契約とほぼ同視できるものであったといえる。」
として19条１号該当性を認めました。

　なお、更新手続の面談の状況については、①１回５分以内であり、時間を掛けるほどの内容は行っていないこと、②契約書を渡し署名をするよう指示した程度であったこと、③次の雇用期間前に契約書を渡されるときもあれば、雇用期間が過ぎてから契約書を渡されることもあったこと、④署名した契約書は店長の机の上に置いておくという形で更新がされていたというものでした。

〈補足説明〉

　これらの裁判例は、いずれも労働契約法19条１号該当性を肯定したものですが、①業務の内容が正社員と異ならないなど恒常的・基幹的なものであること、②更新手続が形骸化している（面接が行われず、行われても形式的なもので契約書も形式的に作成するだけとなっている）ことは共通しています。

　更新回数もそうですが、実質的な点を重視して同条号該当性が判断されていることが理解できます。

（3）更新手続の内容 〜更新希望の確認のための面談〜

Q

更新手続として基本的に必要なことはありますか。

A

面談して契約書を作成することが基本だと思われます。

【問題の所在】

　労働契約の更新は、あくまでも、新たな労働契約の締結となりますので、一般的な採用面接と同様の手続を行っておくべきでしょうか。

裁判例：更新希望の面談を行っていたもの

平成26年8月25日東京地裁判決（**41**・国・中労委（JR西日本・動労西日本岡山）事件）は、中労委の救済命令の取消しを求める中で、雇止めの不当労働行為性が問題となったものです。

裁判所は、就業規則の規定を前提に「A（注：労働者）は、会社（注：使用者）との間で、入社以降、1年を超えない期間の雇用契約を締結し、会社との間で、4回にわたり契約を更新してきたものである。もっとも、契約社員就業規則や契約社員雇用契約書では、業務上の必要があるときに1年を超えない期間で更新することがあることが定められており、更新につき通じて5年を超えることができない旨の記載もあったところ、更新に際しては更新希望についての面談が持たれ…、新たに契約書も作成されるといった手続を経ていたことを指摘することができる。」として、労働契約法19条1号該当性を否定しました。

裁判例：面談及び契約書の交付

平成27年7月31日東京地裁判決（**63**・シャノアール事件）は、雇用期間3か月の有期労働契約につき、平成15年8月24日から平成19年3月27日まで14回更新を繰り返し、平成20年7月7日から平成25年6月15日まで19回更新を繰り返した労働者による地位確認請求が認められなかったものです。

裁判所は「契約更新手続は店長がアルバイトと個別に面談を行い、更新の可否について判断をした上で、アルバイトに契約書を交付し、その作成を指示し契約更新を行っていることが認められる…。」「そうすると、アルバイトの有期労働契約の契約更新手続が形骸化した事実はなく、原告被告間の労働契約は期間満了の都度更新されてきたものと認められる」として労働契約法19条1号該当性を否定しました。

平成26年3月25日大阪地裁堺支部判決(**32**・コンビニA事件)は、合計9回契約が更新され、9年間継続雇用された労働者に対して行われた、服務規律違反を理由とした雇止めを相当と判断したものです。

裁判所は「本件雇用契約は、契約期間を3か月間、9か月間と明確に定めて更新され、3回目以降の更新は、一貫して契約期間を1年間と明確に定めて更新されている」「嘱託社員としての雇用契約については、一般に、毎年、契約期間が明記された契約書が嘱託社員に送付され、当該嘱託社員がこれに署名押印して返送する手続が繰り返されており、原告（注：労働者）の場合も同様であると推認される。これらの事情に照らすと、本件雇用契約が期間の定めのない労働契約に転化したものであるとか、更新を重ねることによりあたかも期間の定めのない契約と実質的に異ならない状態で存在していたということはできない。」と判断しました。

(4) 不更新条項・上限規定 ～「契約更新はありません」～

Q

不更新条項や更新の上限を制限していれば、労働契約法19条1号該当性は否定されますか。

A

これらも否定する要素として考慮される場合があります。

【問題の所在】

労働契約法19条2号の更新への合理的な期待との関係で不更新条項や更新の上限回数が問題となりますが、同条1号との関係でも考慮されるのでしょうか。

裁判例：不更新条項があり19条1号該当性を認めなかったもの

　平成26年2月20日札幌高裁判決（**25**・北海道大学（契約職員雇止め）事件・控訴審）は、原審（平成25年8月23日札幌地裁判決・**12**）の判断を維持して、労働者に対する雇止めを相当と判断したものです。

　裁判所は、労働契約法19条1号該当性について「本件労働契約は3回更新されているが、1年の契約期間が経過して契約更新がされる都度、発令及び労働条件通知書が原告に交付されていたこと、2回目の契約更新の際には、契約期間を平成22年3月31日までとし、契約期間の更新を不可とする発令及び労働条件通知書が原告に交付され…ていたこと…等からすれば、本件労働契約が期間の定めのない契約と実質的に異ならない状態になっていたとは到底評価できない。」と判断しました。

　なお、この事件では、契約期間を最長3年とする方針が採用されていたことも認められており、このことが雇止めの主たる理由とされています。

裁判例：上限の設定及び面談による意向確認をしていたもの

　平成30年3月6日高知地裁判決（**118**・高知県立大学後援会事件）は、公立大学法人内に事務所を置く権利能力なき社団に雇用された労働者に対する雇止めについて、相当と判断されたものです。

　裁判所は「被告（注：使用者）が準拠する法人の契約職員就業規則には、通算雇用期間の上限が3年であることが明記されている…。そして、被告は、原告（注：労働者）との契約更新時に、その都度、契約期間を明記した辞令書及び労働条件通知書を交付していた…ほか、上記認定のとおり、少なくとも上司が原告と面談して契約の更新に関する意向確認を実施していた。さらに、被告においては、平成23年4月1日以降、通算雇用期間の上限の3年を超えて雇用さ

れた契約職員は存在しなかった。これらの事情からすれば、被告において、契約職員の通算雇用期間の上限が３年であると明確に示され、これを超える雇用の継続はしないという厳格な運用がされており、通算雇用期間内の契約更新時にも、漫然と更新するのではなく、契約の更新に関する意向確認を行った上で、契約期間を定めた新たな雇用契約を締結し、採用の辞令を発するといった手続を履践していたものと認められる。」として労働契約法19条1号該当性を否定しました。

〈補足説明〉

契約更新に対する期待（労働契約法19条2号）を持たせないために、契約書等に更新回数の上限を規定したり、次回の更新がないことを明記している場合があります。

これらの裁判例では、期待を持たせないというだけでなく、労働契約法19条1号に該当しないと評価されるための要素として捉えられていることが理解できます。

(5) 各種書類の作成 ～委嘱内容に変動のある委嘱状～

Q

更新手続をその都度行っていれば、労働契約法19条1号該当性は否定されますか。

A

辞令等の交付という形式的な手続や更新の可否に関する内部の意思決定手続がとられていれば否定する要素として考慮されます。

【問題の所在】

更新手続において面接及び契約書の作成は基本事項ということが理解でき、面接時には更新の希望確認を行うことが必要なことはこ

れまで見てきたとおりです。では、契約書等については、どのような内容のものを作成しておくべきでしょうか。

裁判例：委嘱状、辞令等の作成及び委嘱内容の変動により否定

　平成26年4月22日さいたま地裁判決（**34**・学校法人大乗淑徳学園事件）は、期間途中に行われた解雇は無効と判断しましたが、雇止めについて相当と判断したものです。

　労働者は、平成3年4月1日、契約期間を1年間として雇用され、以後、更新を繰り返し、平成23年4月1日にも契約を更新されましたが、平成24年3月31日に雇止めとなったものでした。

　裁判所は「更新の都度、委嘱状、辞令等を作成していること、原告（注：労働者）に委嘱する業務内容も年度によって若干の変動があることなどを総合考慮すると、…原・被告間の雇用契約が反復更新されて期間の定めのない契約と実質的に異ならない状態で存続しているということはできない」と判断し労働契約法19条1号該当性を否定しました。なお、それまでに更新されてきた事実により、同条2号該当性は認めました。

裁判例：契約書のほか担当時間数等を記載した書面の交付

　平成29年11月28日横浜地裁判決（**112**・公益財団法人東京横浜独逸学園事件）は、約19年間、1年間ないし3年間の契約を合計12回更新した労働者に対する雇止めについて、相当でないと判断したものです。

　裁判所は「原告（注：労働者）及び被告（注：使用者）は、平成9年9月1日から平成18年8月31日までの契約更新に関する契約書について、その作成の有無は不明であるものの、それ以外の契約の締結及び更新については契約書を交わし、更新に当たっては、更新の希望の有無や希望する担当時間数等を記載した書面を提出して

いたことなどからすれば、更新の手続が形骸化していたとまではいえない。」として労働契約法19条1号該当性を否定しました。

（6）契約書の作成がない場合
～更新手続がされたかどうか～

Q

更新の際に契約書を作成しなければ労働契約法19条1号に該当すると判断されますか。

A

契約書が必須というよりも更新手続が行われたということが必要です。契約書や辞令交付の有無は、それ自体が存在することも重要ですが、それを裏付ける証拠という位置付けになります。

【問題の所在】

契約の更新自体は双方で合意できたとしても、契約書への署名押印を拒まれた場合、どのようになるのでしょうか。

裁判例：途中から契約書への署名押印を拒否して
契約書が作成されなかったもの

平成27年10月16日鳥取地裁判決（**66**・三洋電機（契約社員・雇止め）事件）は、約30年にわたり約30回の労働契約を繰り返し更新した労働者に対し、事業譲渡を理由として行った雇止めを相当と判断したものです。

労働者は、昭和59年6月に雇用契約を締結し、それ以来契約を更新してきました。平成18年6月20日ころ、雇用期間を同月21日から平成19年6月20日までと定めた契約書に署名押印し、使用者に提出しました。

労働者は、同年7月、出向命令を受け、これまでの業務と異なり、

出向先で清掃業務に従事しましたが、平成19年6月21日、雇止めの通知を受けながらも清掃業務を続け、平成19年6月及び平成20年6月以降に提示を受けた雇用契約書に、いずれも署名押印をしないまま業務に従事しました。これに対し、使用者は、平成25年3月31日をもって、雇用契約が終了すること及び次回の契約更新をしないことを通知しました。

　裁判所は「平成18年6月21日以降の雇用契約の更新に際し、被告（注：使用者）は、その大部分において、契約書により契約期間を1年とする雇用契約を締結し直そうとし、また、原告（注：労働者）の出向等により雇用条件が変動する場合には、契約書を提示し直すなどしていたことが認められる。そして、就業規則上も、契約更新の際にはあらためて契約書を作成する扱いになっていたことも併せ考慮すれば、平成18年6月20日以前の雇用契約についても、契約書を交わして雇用契約を締結し直すことが大半であったことが推認できる。」「原告と被告との間の雇用契約は、約30年にわたり更新されてきたものの、契約期間満了の都度、雇用契約を締結し直すことにより、雇用契約を更新してきたことが認められるのであるから、本件の雇用契約を終了させることについて、期間の定めのない労働契約を終了させることと社会通念上同視できるとまでいうことは困難であり、労働契約法19条1号該当性は、これを否定せざるを得ないというべきである。」として否定しました。

裁判例：人事管理規定に基づく内部における意思決定

　平成29年9月11日東京地裁判決（**107**・日本郵便（新東京局・雇止め）事件）は、6か月の労働契約を更新してきた労働者に対し、私傷病による欠勤を理由とする雇止めについて、相当と判断したものです。

　労働者は、平成27年4月1日に更新され終期を同年9月30日と

された労働契約の期間、私傷病により1日も勤務しなかったところ、その終期において雇止めとなりました。

　裁判所は「被告（注：使用者）は、原告（注：労働者）について、本件雇用契約に至るまで、…各契約期間が満了する30日前までに、契約更新の可否を決定した上で、期間満了予告通知書により、契約期間の終了を通知するとともに、原告の同意を得た後、…新たな期間雇用契約を締結し、期間雇用社員雇入労働条件通知書を交付していたものと認められ、自動的に契約更新がされてきたとはいえない。」と判断しました。

裁判例：雇用契約書の作成時期に言及したもの

　平成29年12月25日岐阜地裁多治見支部判決（**114**・エヌ・ティ・ティマーケティングアクト事件）は、雇用期間を3か月とする有期労働契約を反復更新してきたところ、平成27年10月1日以降の契約更新をしなかった雇止めを相当でないとしたものです。

　裁判所は「被告（注：使用者）は、原告（注：労働者）らを含む契約社員D（注：「D」は契約社員の種類を意味します）との雇用契約の更新の都度、契約社員Dに対し、更新後の雇用契約に係る雇用条件が記載された雇用契約書を交付し、同契約書に署名・押印の上、提出してもらうという手続をとること…によって、雇用契約の更新に係る契約社員Dの意向を更新の都度、確認してきたことが認められる。また、新たな雇用契約の始期の後に雇用契約書が渡されることがあったものの、これが常態化していたと認めることはできない…。」として、更新手続が形骸化していたとまでいうことはできないと判断しました。

〈補足説明〉

　労働契約が成立するためには、契約書の作成を要するものとは考

えられていません。平成27年10月16日鳥取地裁判決（**66**・三洋電機（契約社員・雇止め）事件）は、過去に契約書の作成があったことを推認してはいますが、平成18年6月以降、労働契約書の作成がない場合でも、更新されていることを認めています。

更新手続を行うということは、使用者側からすれば、平成29年9月11日東京地裁判決（**107**・日本郵便（新東京局・雇止め）事件）が述べるように、内部的な更新の可否を検討し、可能と判断した場合に労働者に意向を確認することに他なりません。

そのため、更新手続が行われていれば、平成29年12月25日岐阜地裁多治見支部判決（**114**・エヌ・ティ・ティマーケティングアクト事件）のように、契約書の作成時期が新たな契約と前後したとしても、そのことだけで手続が形骸化したとは判断されないことを意味します。

（7）他の労働者の状況
～過去に雇止めとなった労働者の存在～

Q

過去に別の有期雇用労働者が雇止めとなったことがあれば、それが考慮されることはありますか。

A

過去の雇止めを理由の一つとして労働契約法19条1号該当性を否定したもの、反対に、過去に雇止めをしたことがないことを理由の一つとして、同号の該当性を肯定した裁判例があります。

【問題の所在】

他の労働者が雇止めされた事実があれば、それ以外の労働者についても、雇止めの可能性のある有期労働契約ということで、労働契約法19条1号該当性が否定されるのでしょうか。

裁判例：契約期間が管理され生産量に合わせて雇止めが行われていたことを理由に否定したもの

　平成27年3月26日東京高裁判決（**55**・いすゞ自動車（雇止め）事件）は、雇止めを相当とした原審（平成24年4月16日東京地裁判決・**2**）の判断を維持したものです。

　労働者（臨時従業員）は、最短2か月から最長6か月間の労働契約をいずれも7回更新したもので、基幹的で恒常的な業務に従事していました。また、就業規則では、臨時従業員の契約期間は、当初の契約期間と通算して3年間を超えることはないとする旨の定めがあり、実際の運用は2年11か月を上限として行われていました。

　裁判所は、労働契約法19条1号該当性について、更新上限期間が3年であること及び更新手続で契約書が作成され契約期間が管理されていたことに加え、「これまで被告（注：使用者）では、2年11か月運用に基づいて通算契約期間が2年11か月となる臨時従業員の合意退職の手続をとり、生産量の減少があった場合には通算契約期間が2年11か月に満たない臨時従業員についても契約更新をしない旨通知した上で合意退職の手続をとっていること」を理由の一つとして否定しました。

裁判例：過去に雇止めとなった労働者の存在を理由として否定したもの

　平成29年9月14日札幌高裁判決（**108**・札幌交通事件・控訴審）は、雇止めを相当とした原審（平成29年3月28日札幌地裁判決・**101**）の判断を維持したものです。

　労働者は、正社員を定年退職し、翌日である平成26年4月1日、期間を6か月とする労働契約を締結し、以後、これを更新したところ、平成27年9月30日をもって雇止めとなりました。

　原審は「原告以外にも更新が拒絶された嘱託社員がいたことなど

に照らせば、上記事情（注：労働条件通知書の契約不更新の記載）、原告の主張及び本件全証拠によっても、本件労働契約3（注：平成27年4月1日から同年9月30日までの労働契約）が労働契約法19条1号に該当すると認めるには足りない。」と判断しました。

裁判例：雇止めされた従業員がいなかったことを考慮して肯定したもの

平成29年5月18日名古屋高裁判決（**104**・ジャパンレンタカー事件・控訴審）は、原審（平成28年10月25日津地裁判決・**85**）の判断を維持し、雇止めを相当でないと判断したものです。

裁判所は「原告（注：労働者）が雇用されていた間、被告（注：使用者）から意に反して雇止めにされた従業員はいなかったこと、更新手続は形骸化しており、雇用期間満了後に更新手続が行われることもあったこと等からすれば、原被告間の有期労働契約は、期間の定めのない労働契約とほぼ同視できるものであったといえる。」として労働契約法19条1号該当性を認めました。

〈補足説明〉

以上のことからすれば、労働契約法19条1号該当性が認められるためのハードルは決して低くないといえます。

このことは、使用者からすれば、更新手続を行っていれば不利益には扱われない可能性が高いことを意味します。

反対に、労働者からすれば、法定更新という効果は、労働契約法19条1号と同条2号とで異ならず、後者をメインに主張するほうが、認められる可能性が高いことを意味します。

② 労働契約法19条2号該当性

（1）考慮要素 〜「合理的な理由」〜

> **Q**
>
> 労働契約法19条2号の「期待」に合理的な理由があるかどうか
> は、どのように判断されるのでしょうか。

A

あらゆる事情を総合的に考慮して判断されます。

【問題の所在】

　「期待」は目で見て確認することはできません。そのため、「合理
的な理由」があるかどうか（基礎付けられるか）をあらゆる事情か
ら総合的に判断することにより、その有無を判断する必要がありま
す。

裁判例：考慮すべき要素について言及したもの

　平成26年10月31日東京地裁判決（47・学校法人錦城学園（高校
非常勤講師）事件）は、高校の非常勤講師に対する雇止めが相当と
判断されたものです。

　裁判所は、労働契約法19条2号該当性を判断するにあたり「最
初の有期雇用契約の締結時から、雇止めされた有期雇用契約の満了
時までのあらゆる事情を総合的に勘案すべきであるところ、具体的
には、当該労働者の従事する業務の客観的内容、契約上の地位の性
格、当事者の主観的態様、契約更新の際の状況及び同様の地位にあ

る他の労働者の契約更新状況等の諸事情を勘案することが相当である。」と述べています。

（2）主観的期待 ～主観的に「合理的な理由」？～

> **Q**
>
> 労働契約法19条2号の「期待」は、単に期待すればよいのでしょうか。

> **A**
>
> 合理的な理由による「期待」が必要ですので、理由もなく期待しても同号の「期待」があるとはいえません。

【問題の所在】

　客観的に見れば更新されないことが予想される労働者であっても、本人が更新を希望し期待していれば労働契約法19条2号の「期待」があるといえるのでしょうか。

> **裁判例**：3年雇用の方針の認識を理由として
> 　　　　　　主観的な期待と述べたもの

　平成26年2月20日札幌高裁判決（**25**・北海道大学（契約職員雇止め）事件・控訴審）は、原審（平成25年8月23日札幌地裁判決・**12**）の判断を維持して、労働者に対する雇止めを相当と判断したものですが、その主な理由は、大学が雇用期間を最長3年間とする規定（3年雇用の方針）を定めていたからでした。

　裁判所は、労働者が3年雇用の方針を認識していたことやその発言から「原告（注：労働者）の生の認識としては、本件雇止め当時（平成23年3月31日）、契約更新が非常に難しいと認識していたというべきであり、原告が契約更新の合理的期待を有していなかったことは明らかである。原告は、契約更新が不可とされていながら、

3回目の更新が行われたことから、更に更新される可能性があると期待したと供述するが…、…それは単なる可能性の認識ないし原告の主観的な期待、願望にとどまり、本件雇止めに解雇に関する法理を類推するのを相当とするような合理的な期待といえないことは明らかである。」と述べています。

裁判例：勤務頻度の低さからすれば更新を客観的に期待できる状況になく主観的なものでしかないと判断したもの

平成27年7月31日東京地裁判決（**63**・シャノアール事件）は、雇用期間3か月の有期労働契約を、平成15年8月24日から平成19年3月27日まで14回更新を繰り返し、平成20年7月7日から平成25年6月15日まで19回更新を繰り返した労働者に対する雇止めを相当と判断したものです。

この事件では、雇止めとなった理由は複数ありますが、労働者の勤務頻度が少なかったことが挙げられています。そして、契約書の記載等から、週2回程度、1回あたり4時間以上の勤務希望者からアルバイトが採用・更新される方針であったところ、労働者も、これについて認識していたものでした。

裁判所は「原告（注：労働者）の勤務頻度の低さは常態化しており、この原因は…他のアルバイトとの掛け持ちが原因であると推認される。この点、…、被告（注：使用者）の立場からすれば、勤務頻度が低すぎると他の店舗従業員との円滑な意思疎通を欠く結果となるし、いくら経験豊富であっても、原告が指示変更に気付かず過去のやり方のままに行動することがあれば結果的に上長である店長の指示にそぐわない対応となり、全体としての店舗運営に支障を来すことが不可避となる。」「結局のところ、…勤務頻度の少なさを理由として雇止めされてもおかしくない立場にあったと客観的には評価される。」と述べて、労働者の更新に対する期待が主観的なもの

にとどまり、客観的に合理的な理由があるとはいえないとしました。

裁判例：勤務成績が悪かったことの認識を考慮したもの

　平成29年9月14日札幌高裁判決（108・札幌交通事件・控訴審）は、原審（平成29年3月28日札幌地裁判決・101）の判断を維持し、雇止めを相当と判断したものです。ただし、原審が労働契約法19条2号該当性を肯定した点については、否定しました。

　原審は、労働条件通知書に「契約の更新はしない」との記載があったものの、使用者が労働組合に対し「嘱託社員の契約は、原則として、更新する。ただし、欠勤が多く業務に支障を来す者、病気により改善が見込めない者、事故、苦情等、会社に大きな損害を与えた者については、その限りではない。」旨説明したこと等を踏まえ、更新に対する期待の程度は強くないものの、合理的な理由があるとしました。

　これに対し、控訴審は、労働者の売上が、所属する営業所の乗務員の平均の半分にも満たないことが多かったことや、労働者自身が勤務成績の悪かったことを認めていることから「上記のような状況及び控訴人（注：労働者）が被控訴人（注：使用者）を退職した後に嘱託契約が更新されたのは2回にとどまることなどに照らすと、控訴人において、本件労働契約3の契約期間満了時に同契約が更新されるものと期待することについて合理的な理由があるものであると認めることはでき」ないと判断しました。

裁判例：過去の雇止め事例の認識

　平成26年8月25日東京地裁判決（41・国・中労委（JR西日本・動労西日本岡山）事件）は、中労委の救済命令の取消しを求める中で、遅刻を理由に戒告を受けるなどしていた労働者に対する雇止めの不当労働行為性が問題となったものです。

裁判所は「A（注：労働者）を含む契約社員については…契約社員就業規則や契約社員雇用契約書の規定があり、…更新手続もとられていたものである上、前記認定事実記載のとおり、支社だけでも、過去に度重なる遅刻を理由に雇止めとした契約社員も２名存在していたことに照らせば、Aの担当業務の内容（臨時的な業務ではない。）や更新手続がとられた回数を考慮しても、継続雇用に対する期待が合理的であるといえるかは疑問が残る。」と述べています。

〈補足説明〉

　平成29年９月14日札幌高裁判決（108・札幌交通事件・控訴審）については、勤務成績が悪かったことは、雇止めの合理的な理由ないし相当性の判断において考慮されるべき事実であるとの批判があるようです。

　一般的にはそのような判断となる場合が多いかもしれませんが、上記裁判例は、勤務成績について労働者が認識したであろう状況も踏まえて、客観的にだけでなく主観的にも更新に対する期待を抱くものではないと判断をしたのではないかと思われます。

　その他の裁判例も勤務頻度や遅刻の状況及びそれに対する認識を理由に、更新に対する期待が合理的でないと判断していますし、いずれにしても勤務成績が悪かったことなどは、訴訟手続において主張され審理されることがほとんどですので、期待が主観的であることを理由として労働契約法19条２号該当性が否定されることも納得できます。

（3）使用者ないし労働者の言動等
〜3月末に退職予定です！〜

> **Q**
>
> どのような場合に、「期待」がないと判断されますか。

> **A**
>
> ケースバイケースですが、使用者や労働者の言動から「期待」の有無を判断することがあります。

【問題の所在】

「期待」の有無は目に見えません。労働者から期待がある、あるいは使用者から期待がないと主張されれば、それぞれが、それを否定するための具体的な事実を主張する必要があります。

裁判例：雇用期間の上限及びそれについての認識を考慮したもの

平成30年3月6日高知地裁判決（**118**・高知県立大学後援会事件）は、公立大学法人内に事務所を置く権利能力なき社団に雇用された労働者に対する雇止めについて、相当と判断したものです。

前提事実として、使用者が雇用した契約職員には、3年以上継続して雇用された者がいませんでした。これは、公立大学法人の就業規則8条「契約職員の雇用期間は、1会計年度内とする。ただし、3年を超えない範囲内において更新することができる。」を準拠としてのことでした。

労働者は、使用者との3年目の雇用契約の終期が平成28年3月31日であったことを前提に、平成28年1月、公立大学法人の準職員採用試験を受験し、その際「3月末日契約期限満了につき退職予定」と記載した履歴書のほか、「3月末日、契約期限満了に伴い、

退職予定」と記載した職務経歴書を提出したことが認められています。

　裁判所は「原告が準職員採用試験に際して作成した履歴書の記載からすれば、原告が平成28年3月31日をもって雇止めがなされることを十分に理解していたことが強く推認される。」として、契約更新の期待について合理的な理由があるとは認められないと判断しました。

裁判例：事業計画書の記載を考慮したもの

　平成27年3月12日東京地裁判決（**54・トミテック事件**）は、雇止めを相当でないとしたものです。

　使用者は、金属加工業を営む株式会社ですが、平成22年4月1日から平成27年3月31日までの期間、区立地域学習センター及び同図書館の管理者に指定されたことから、図書館司書の資格を有していた労働者を雇用したものでした。

　裁判所は、使用者作成の事業計画書に次のような記載があったことを踏まえ「被告（注：使用者）は、図書館業務の効率的運営や職場環境の整備といった観点から、従業員を継続して雇用するとの方針をとっていたことが認められるから、原告（注：労働者）において、いまだ委託期間の中途である平成24年3月31日の経過による雇用期間の満了時に、本件労働契約が更新されるものと期待することには、合理的な理由があったというべきである。」としました。

・　図書館は専門性を持った社会教育施設であるとの認識から、図書館業務を習得したスタッフを専業配置することが結果的に一番効率のよい方法である
・　今後も経験の蓄積を図り、更に効率のよい運営ができるよう管理を行っていく

- ・安心して安定した就業を実現するため、継続していきいきと働き続けられる職場環境の整備に全力で取り組む
- ・これまでの施設運営において、従業員が意欲を持って、継続的に安心して働き続けられる職場環境の整備に全力で取り組んできたものであり、図書館の運営においても、この考え方を基に中途退職者・若年者の新規採用を積極的に進める

裁判例：更新の条件を厳格化する説明がなかったことを考慮したもの

　平成28年11月30日東京地裁判決（**87**・学校法人尚美学園（大学特別専任教員・雇止め）事件）は、65歳定年後の再雇用により特別専任教員となったのち、雇止めとされたことについて相当でないと判断したものです。控訴審（平成29年5月31日東京高裁判決）でもその判断は維持されています。

　裁判所は「被告（注：使用者）大学では、平成21年頃から、志願者の減少傾向、少子化への対策を念頭に、学部・学科の再編、教員組織の若返り、活性化等を含む改革策の検討が行われていたが、…、65歳の定年後の特別専任教員としての再雇用やその更新の条件を厳格化することは、少なくとも明示的には議論されておらず」「運用、方針の変更について、その趣旨・目的や必要性が教員らに事前に開示され、協議が行われたという形跡も見当たらない。」として、契約の継続を困難にする特別な事情がない限り、65歳の定年後も特別専任教員の地位に就くことができ、なおかつ、70歳に達するまでその契約は更新・継続すると期待するのも自然なことといえると判断しました。

裁判例：使用者による説明を考慮したもの

平成29年12月25日岐阜地裁多治見支部判決（**114**・エヌ・ティ・

ティマーケティングアクト事件）は、雇用期間を3か月とする有期労働契約を反復更新してきたところ、平成27年10月1日以降の契約更新をしなかった雇止めを相当でないとしたものです。

　裁判所は「最初の雇用契約の締結に際し、健康で、極端に営業成績が悪くなければ雇用契約の更新が続けられる、健康で売上目標を達成していれば最長65歳まで雇用を継続する、年齢は関係なく、健康で成績がよければいつまでもいられるなど雇用の継続を期待させるような説明を受けるなどしていたこと」などから、期待することに合理的な理由があるとしました。

〈補足説明〉

　訴訟手続における証拠は、基本的には、紛争となる前に作成されたものでなければ、証拠としての価値があるとは評価されません。理由は、紛争となった後であれば、自己に有利な証拠を作成してしまいがちだからです。

　平成30年3月6日高知地裁判決（**118**・高知県立大学後援会事件）や平成27年3月12日東京地裁判決（**54**・トミテック事件）は、紛争となる前に自らに不利な事実や認識を記載したものですので、証拠としての価値が高く評価され、それに基づき合理的期待の有無が判断されたものです。

(4) 業務内容 〜基幹的・恒常的な業務かどうか〜

Q

業務内容は、「期待」の合理的な理由になりますか。

A

業務が基幹的・恒常的なものであれば考慮されます。

【問題の所在】

　有期労働契約は、時期的に偏在する業務に対応するために、雇用調整も兼ねて締結される場合があります。

　そうであれば、恒常的に存在する基幹的業務を前提とする有期労働契約は更新を期待することも合理的といえないでしょうか。

裁判例：基幹的かつ恒常的な業務を考慮したもの

　平成26年8月26日大阪地裁決定（**42**・パワー・マーケティング（仮処分）事件・仮処分）は、雇止めについて相当でないとしたものです。

　裁判所は、労働者の担当業務の内容等について「①債務者（注：使用者）の主たる業務は光インターネットの加入促進営業活動であり、その業務は、一時的・臨時的なものではなく、恒常的に存在すること、②債務者の正社員は、各営業所を統括する業務に従事していて、その人数もごくわずかに限られており、光インターネットの加入促進営業活動については、各営業所の現場責任者も含め、契約社員のみが従事していること、③債務者は、契約社員の雇用期間について、一律に3か月ごとの契約更新としており、本件更新基準を設けて、営業成績がふるわなかった契約社員を3か月ごとに雇止めしてきたことが認められる。」「これらの事実からすれば、債権者（注：労働者）が債務者において従事していた業務は、正社員の業務の補助的・付随的なものでも、臨時的・一時的なものでもなく、基幹的かつ恒常的なものであったということができる。」などとして契約更新への期待に合理的な理由があったと認めました。

裁判例：業務内容の基幹性と役職（役割）から 不可欠な役割と述べたもの

　平成29年11月28日横浜地裁判決（**112**・公益財団法人東京横浜

独逸学園事件）は、約19年間、1年間ないし3年間の契約を合計12回更新した労働者に対する雇止めについて、相当でないと判断したものです。

裁判所は「原告（注：労働者）の業務は、教員業務であり、本件学園を運営する被告（注：使用者）にとってまさに基幹的な業務であり、また、原告は本件学園の日本語科の主任を務めるなど、被告において不可欠な役割を担っていたといえる。」などとして、契約更新への期待について合理的な理由があると認めました。

裁判例：高校の非常勤講師と専任講師の違いに言及したもの

平成26年10月31日東京地裁判決（**47・学校法人錦城学園（高校非常勤講師）事件**）は、高校の非常勤講師に対する雇止めが相当と判断されたものです。

裁判所は、業務の内容について「本件学校の非常勤講師は、私立学校教職員共済組合の加入条件を満たすために専任講師に近いコマ数を担当することになっていたが…、専任講師及び専任教諭とは異なり、授業以外の業務に関与しない…こととされていた。」「本件学校の非常勤講師は、専任講師と同程度の授業負担を負っているとはいえ、飽くまでも臨時的な地位であることが前提であり、その結果、期待されている業務も、生徒指導等、授業以外で教員の指導力が求められる業務は除かれ、授業を行うことに限定されているということができる。」と指摘し、合理的期待を否定する理由の一つとしました。

裁判例：例外的・臨時的な雇用であることを考慮したもの

平成24年3月30日大阪地裁判決（**1・富士通関西システムズ事件**）は、雇止めを相当と判断したものです。

裁判所は、使用者の従業員約1000人のうち、退職後の嘱託社員

を除くと、有期労働契約を結んでいる従業員が労働者だけであった
ことを踏まえて、①労働者の採用は、元社長である者の紹介という
例外的なものであり、②人手不足を解消するための臨時的なもので
あったこと、③不更新条項のある労働契約書に署名・押印している
ことを指摘して、合理的期待があったとは認めませんでした。

(5) 更新条項
～「更新する場合がある」は期待してよいか？～

Q

契約書に契約が更新される旨の記載（更新条項）があれば、「期待」
に合理的な理由があると認められますか。

A

そのような記載があれば考慮されます。

【問題の所在】

「契約終了日の30日前までに、双方から異議がない場合、同一の
条件で更新する」との契約条項があれば、更新に対する期待に合理
的な理由があったと認められるでしょうか。

裁判例：自動更新条項を考慮したもの

　平成25年10月8日東京地裁判決（**16・ガイア事件**）は、雇止め
を相当ではないと判断したものです。

　裁判所は「本件雇用契約は合計8回、約2年間にわたり、その途
中平成22年10月20日からは契約書に自動更新の条項（注：「契約
期間終了1か月前までに、双方どちらからも連絡がない場合、同条
件にて更に3か月、契約が更新されたものとする。」との記載）が
明記される中で更新されてきたものであるから、原告（注：労働者）
において更新を期待することに合理的な理由が認められる。」と述

べています。

平成26年7月10日横浜地裁判決（**36・資生堂ほか1社事件**）は、派遣労働契約により派遣されていた数名の労働者について、雇用期間を1年間から2か月に短縮する合意をしたのちに行われた雇止めについて、相当とは認めなかったものです。

裁判所は「第1グループ原告（注：労働者）らは、被告アンフィニ（注：使用者）との労働契約を平成18年6月から、6か月又は1年ごとに合計3回更新してきていたこと、契約書（労働条件通知書）には自動更新特約（注：「契約終了の30日前に双方より申出のない場合、契約を更新する。」との記載。）が記載されていた」ことなどから、雇用継続についての合理的期待を有していたと解するのが相当であると判断しました。

平成25年6月21日大阪高裁判決（**9・医療法人清惠会事件**）は、期間の定めのない労働契約を締結し30年間勤務してきた労働者について、労使双方の事情により契約期間を1年間とする雇用契約を締結したところ、そののちに行われた雇止めについて、相当でないと判断されたものです。

裁判所は「一審原告（注：労働者）が、当初従来雇用契約を継続したままでの週3日勤務を希望したのに対し、一審被告（注：使用者）が、期間を1年間とする有期雇用契約を提案したところ、一審原告が、1年毎の更新だと『ビクビクするやん。』などと述べて難色を示したこともあって、一審被告は、…本件再雇用契約書…では、その『契約の更新』欄には、当初提示した職員雇用契約書…の『契約の更新』欄に記載していた『更新しない場合は契約満了の30日

前までに本人に予告する。』との文言を削除の上、単に『更新は1年毎とする』とのみ記載するほか、『退職に関する事項』欄に『定年：満60歳』、『継続雇用制度：就業規則に準じる』と記載し、『給与』欄に『昇給：本契約更新時に検討』と記載」した事実を認定しました。

　その上で「一審原告は、本件再雇用契約が1年間で終了することは全く想定しておらず、定年年齢である60歳、更には定年後の再雇用に至るまで一審被告との雇用契約が更新されることを期待していたことは明らかであり、一審被告も一審原告のそのような期待を十分認識した上で、文案の推敲を重ねて本件再雇用契約書の文面に確定させ、調印に至ったものというべきである。」と述べ、「契約更新が行われることを前提とする文言が入った本件再雇用契約書を取り交わしていることからすれば、一審原告の契約更新への期待は、客観的にみて合理的なものであるといえる」と判断しました。

裁判例：「長期（3か月以上）」との記載が更新を保証したものではないと判断したもの

　平成25年12月3日東京地裁判決（**18**・アウトソーシング（解雇）事件）は、雇止めを相当と判断したものです。

　労働者の雇用期間は平成24年5月31日から同年8月31日とされていましたが、裁判所は「本件業務に関する求人情報には『長期（3か月以上）』との記載があるが…、雇用契約書には『実際に更新するか否かは、従事している業務の状況による』と記載されていること…、就業条件明示書には1年単位の変形労働時間制を採用する旨が記載されているが、原告（注：労働者）について1年単位でシフト表が組まれていたわけではないことに照らすと、『長期（3か月以上）』との記載が更新を保証するものということはできない。」と述べ、「更新する場合がある」と記載されている趣旨と同じである

旨を述べています。

裁判例：新たに設けられた不更新条項を考慮して否定したもの

　平成24年3月30日大阪地裁判決（1・富士通関西システムズ事件）は、雇止めを相当と判断したものです。

　使用者は、平成20年6月21日、同21年6月21日、それぞれ有期労働契約を更新しましたが、同22年5月19日ころ、労働者に対し、同年6月20日以降、半年間だけ契約を更新し、以後は更新しないとして、契約期間の終期を同年12月20日、「9　契約の更新」の項にそれまでの労働契約書と異なり、「当該契約期間満了後は更新しないこととする。」と記載された労働契約書を交付し、労働者は、これに署名押印しました。

　裁判所は、労働者の雇用が使用者の元代表者の紹介という例外的なものであること及び人手不足を解消するための臨時的なものであったことのほか、上記のとおり、不更新条項のある労働契約書に署名・押印していることを指摘して、「原告（注：労働者）には、平成22年12月20日以降の契約更新について合理的期待があったとは認められ」ないと判断しました。

（6）更新上限規定（回数・年数）
〜「3年ルール」って何？〜

Q

更新回数の上限を規定しておけば、それを超えて契約更新されることに対する期待には、合理的な理由がなかったと判断されますか。

A

ただ規定があるだけでなく、労働者がそのような認識を有していることが必要です。

【問題の所在】

　契約期間や更新回数に上限を設け、それを前提に雇い入れる場合がありますが、そのような場合に、労働者が契約更新を期待しても、合理的な理由がないといえるのでしょうか。

裁判例：更新上限期間の認識等について言及し肯定したもの

　平成26年10月31日東京地裁判決（**47**・学校法人錦城学園（高校非常勤講師）事件）は、高校の非常勤講師に対する雇止めについて、結論として、労働者の業務内容等に触れ、合理的な期待を否定し、相当と判断したものです。

　結論は上記のとおりですが、使用者が、雇用期間の上限を3年間とするルールがあることを理由に合理的期待が否定される旨主張したことについて、裁判所は「被告（注：使用者）は『3年ルール』の存在を主張し、原告（注：労働者）が4年を超えた雇用継続の期待を有することは、同ルールが存在する以上およそ合理的ではない旨主張するが、被告において同ルールに基づいた運用を行っていると認識していたとしても、本件学校の非常勤講師の間で、同ルールの存否（非常勤講師として在職可能な期間）について認識が必ずしも共有されていたとはいえず…、同ルールがいまだ確固たる運用として非常勤講師に認識されるに至っていないことに照らすと、同ルールの存在をもって、直ちに原告の有する雇用継続に対する期待の合理性を否定する事情であるとまではいえない。」と述べています。

裁判例：雇用期間の上限及びそれについての認識

　平成30年3月6日高知地裁判決（**118**・高知県立大学後援会事件）は、公立大学法人内に事務所を置く権利能力なき社団に雇用された労働者に対する雇止めについて、相当と判断したものです。

前提事実として、使用者が雇用した契約職員には、３年以上継続して雇用された者がいませんでした。これは、公立大学法人の就業規則８条「契約職員の雇用期間は、１会計年度内とする。ただし、３年を超えない範囲内において更新することができる。」を準拠してのことでした。

　裁判所は、そのことついて労働者が認識していたことから、「原告（注：労働者）が通算雇用期間の上限である３年を超えて被告（注：使用者）との有期雇用契約が更新されるものと期待することについて合理的な理由があるとは認められない。」と判断しました。

裁判例：３年間は継続するとの期待を認めたもの

　平成26年12月12日福岡高裁判決（**49**・福原学園（九州女子短期大学）事件・控訴審）は、雇止めを相当でないと判断したものです。

　裁判所は、労働者に適用される契約職員規定について、改正される前の旧規定が適用されることを前提に「採用面接において、被告（注：使用者）が原告（注：労働者）に対する説明の際に用いた旧規程には、契約期間『３年』、契約更新の有無『ただし、１年ごとの更新とする』、備考『契約の更新は、契約職員の職務成績、態度及び学園の業務上の必要性により判断する』との記載があるところ…、同記載については、１年目及び２年目の更新はあるものの原則として契約は３年間継続するとの規定であると理解するのが、文理上自然であるし、被告（注：使用者）における教員の雇用実態…にも整合する。」などと述べて、３年間は継続すると期待することについて、合理性を肯定しました。

【実務上のポイント】

　更新の上限を設けるのであれば、各労働者に周知するとともに、雇入れないし契約更新の際には、契約書にそのことを明記し、労働

者が認識したことまで確認することが必要です。

そのために新たな書面（例えば重要事項説明書のようなもの）を作成し署名をもらえれば、それに越したことはありませんが、契約書や労働条件通知書の当該記載について説明した上で、その横に追加で署名をもらっておくことだけでも十分です。

（7）更新上限規定（年齢）〜更新は65歳まで？〜

Q

契約更新に年齢で上限を設けた場合には、それを超えて更新されることの期待について合理的な理由がなかったと判断されますか。

A

そのように判断した最高裁判例があります。

【問題の所在】

契約更新の年齢に上限を設けた場合、期待に合理的な理由があるといえるのでしょうか。

最高裁判例

平成30年9月14日最高裁判決（**123**・日本郵便（期間雇用社員ら・雇止め）事件・上告審）は、原審（控訴審・平成28年10月5日東京高裁判決・**84**）の判断について、法令の解釈適用を誤った違法があるとしながらも、雇止めを相当とした結論を維持したものです。

使用者には、契約更新の上限を65歳までに限定する規定（本件上限条項）がありました。

上記最高裁判例は「本件各雇止めは、本件上限条項により本件各有期労働契約を更新しないというものであるところ、上告人（注：労働者）らと被上告人（注：使用者）との間の各有期労働契約は6

回から9回更新されているが、上記のとおり、本件上限条項の定める労働条件が労働契約の内容になっており、上告人らは、本件各雇止めの時点において、いずれも満65歳に達していたのであるから、本件各有期労働契約は、更新されることなく期間満了によって終了することが予定されたものであったというべきである。これらの事情に照らせば、上告人らと被上告人との間の各有期労働契約は、本件各雇止めの時点において、実質的に無期労働契約と同視し得る状態にあったということはできない。」

「また、前記事実関係等によれば、本件上限条項については、あらかじめ労働者に周知させる措置がとられていたほか、本件上限条項の適用を最初に受けることになる上告人X7及び同X9以外の上告人らについては、本件上限条項により満65歳以降における契約の更新がされない旨を説明する書面が交付されており、上告人X7及び同X9についても、その勤務していた各支店において、既に周囲の期間雇用社員が本件上限条項による雇止めを受けていたというのである。そうすると、本件の事実関係の下においては、上告人らにつき、本件各雇止めの時点において、本件各有期労働契約の期間満了後もその雇用関係が継続されるものと期待することに合理的な理由があったということはできない。」として、雇止めを相当と判断しています。

なお、この最高裁判例は、原審（控訴審・平成28年10月5日東京高裁判決・84）が上限条項を定年のように、雇止めの効力とは別の独立した契約終了事由として理解したことについて誤りがあるとし、65歳に達していることは雇止めの理由に過ぎないと判断しています。

　平成27年3月26日東京地裁立川支部判決（**56・警備会社A事件**）
は、労働者に対する雇止めを相当と判断したものです。

　労働者は、かねてから警備業を行う会社で勤務し、使用者の下に
雇用された時には65歳でした。その後、雇用期間3か月の雇用契
約を14回更新したのちに雇止めされました。

　使用者は、更新の年齢に上限を設けていたものではありませんで
したが、裁判所は「原告は本件雇止めの当時、本件施設の派遣隊員
の中では最高齢の68歳で、次回の更新をすれば69歳に達するとい
う者であったこと、本件施設は、複雑な構造をしており、かつ車両
認証システムや専用の管制室が備えられており、これらの点に適切
に対応し得る判断力や俊敏さが求められていること」を前提に、労
働契約法19条2号該当性を否定しました。

〈補足説明〉

　上記最高裁判決は、年齢の上限を設けることについて「本件上限
条項は、期間雇用社員が屋外業務等に従事しており、高齢の期間雇
用社員について契約更新を重ねた場合に事故等が懸念されること等
を考慮して定められたものであるところ、高齢の期間雇用社員につ
いて、屋外業務等に対する適性が加齢により逓減し得ることを前提
に、その雇用管理の方法を定めることが不合理であるということは
できず、被上告人（注：使用者）の事業規模等に照らしても、加齢
による影響の有無や程度を労働者ごとに検討して有期労働契約の更
新の可否を個別に判断するのではなく、一定の年齢に達した場合に
は契約を更新しない旨をあらかじめ就業規則に定めておくことには
相応の合理性がある。」と述べています。また、この制度が高年法
9条に違反しないことも同様に述べており、これを理由に合理的な

労働条件を定めたものであるとしています。

　もっとも、70歳までの就業確保措置を努力義務として規定する改正高年法の施行が令和3年4月に予定されていますので、上記最高裁判例と同様に更新の上限を「65歳」と規定していたとしても、その合理性が否定されることがあるかもしれません。

（8）更新の事実
〜過去に契約を更新したことを理由に合理的といえるか〜

Q

過去にその労働者の契約を更新したことがある場合に、それだけを理由に更新への期待が合理的だと判断されますか。

A

考慮要素の一つとはなります。

【問題の所在】

　過去に契約更新をしたことがある場合、それを理由にその後も契約が更新されると期待することは合理的といえるのでしょうか。

裁判例：更新された事実を考慮したもの

　平成26年3月25日大阪地裁堺支部判決（**32・**コンビニA事件）は、合計9回契約が更新され、9年間継続雇用された労働者に対して行われた、服務規律違反を理由とした雇止めを相当としたものですが、合計9回更新されたことを理由の一つとして雇用関係の継続を期待することの合理性は相当程度あったものと認められると判断しました。

　平成29年9月11日東京地裁判決（**107・**日本郵便（新東京局・雇

止め）事件）は、6か月の労働契約を更新してきた労働者に対し、私傷病による欠勤を理由とする雇止めについて、相当と判断したものですが、8年間にわたり、6か月ごとに期間雇用契約の更新手続をし、雇用関係が継続してきたことを理由に、契約が更新されるものと期待することについて合理的な理由があると認められました。

平成26年7月29日東京地裁判決（**38**・国立大学法人東京医科歯科大学事件）は、再任基準を満たさないことを理由とする雇止めについて、客観的に合理的な理由がないとしたものです。この事件では、他の労働者の更新状況及び労働者自身が過去2回の再任を経ていることを理由に、更新への期待に合理的理由があると認められています。

裁判例：過去に更新されたことがないことを
　　　　否定する理由にしたもの

平成25年12月3日東京地裁判決（**18**・アウトソーシング（解雇）事件）は、雇止めを相当と判断したものです。

労働者は、契約期間が平成24年5月21日から同年8月31日までとされて雇用されながら、同年5月23日に解雇されたものでした。

裁判所は、期間途中の解雇は無効と判断しましたが、特段、更新されることが期待される事情がないことを踏まえ、「そうすると、更新が1度もされたことがない原告（注・労働者）について、更新の合理的期待があったと認めるに足りる事情はないというべきであり、本件契約は期限の8月31日をもって終了したと認められる。」と判断しました。

なお、この事件では、労働者が、平成25年2月1日に他社に就職したという事情もありました。

裁判例：契約更新が中断した場合に、中断する前の契約及び契約更新の事実を考慮するとしたもの

平成27年9月10日東京高裁判決（**64**・日産自動車ほか（派遣社員ら雇止め等）事件・控訴審）は、原審（平成26年3月25日横浜地裁判決・**31**）の判断を維持し、4名の労働者のうち、雇止めが問題となった2名の労働者に対する雇止めを相当と判断したものです。

うち1名の労働者は、平成17年5月1日から平成20年4月26日まで、10回の契約更新を行い期間従業員として使用者のもとで就労し、平成20年10月1日から平成21年3月28日までも同様でした。

ただし、平成20年4月から同年9月までは別の会社から派遣労働者として使用者の元に派遣され就労しました。

そのため、裁判所は「控訴人C（注：労働者）につき雇用継続の期待を抱かせる事情の有無を判断するに当たっては、直近の雇用契約のみならず、平成17年5月1日から平成20年4月26日までの期間従業員としての雇用契約も前提とされるべきである」と述べています。

なお、裁判所は、結論として、更新に対する期待の合理的理由を否定し、その上で、雇止めの理由及び相当性も認めました。

裁判例：30年以上にわたり基幹業務に従事してきたことを考慮したもの

平成25年6月21日大阪高裁判決（**9**・医療法人清恵会事件）は、期間の定めのない労働契約を締結していた労働者について、契約期間を1年間とする雇用契約を締結したのちに行われた雇止めについて、相当でないと判断したものです。

裁判所は、労働者が一旦退職してパートタイマーとして有期雇用契約を締結した理由について、人件費の抑制という使用者側の事情

だけではなく、病気の母親の介護のために勤務日数を減らしたいという労働者側の事情もあったことを踏まえ「本件再雇用契約が、30年以上にわたって続いた期間の定めのない従来雇用契約を終了させた後に引き続き締結されたものであり、本件再雇用契約書に契約更新を前提とした種々の条項が盛り込まれていることなどに照らせば、本件において契約更新に対する期待の合理性を判断するに当たり、実際に契約更新が一度もなされていないことはそれほど重要な事情であるとはいえ」ないとして、労働契約法19条2号該当性を肯定しました。

（9）合理的期待の程度 〜臨時雇用？〜

Q

期待に合理性があるとしても、その程度は問題となりませんか。

A

法律上の要件そのものではありませんが、裁判例が期待の程度に言及することもあります。

【問題の所在】

期待に合理的な理由があることは、労働契約法19条により更新が認められるための一つの要件ですが、その程度によっては、雇止めの相当性の判断に影響しないのでしょうか。

裁判例：期間従業員としての期待にとどまると判断したもの

平成27年9月10日東京高裁判決（**64**・日産自動車ほか（派遣社員ら雇止め等）事件・控訴審）は、原審（平成26年3月25日横浜地裁判決・**31**）の判断を維持し、4名の労働者のうち、雇止めが問題となった2名の雇止めについて相当と判断したものです。

裁判所は「一般に、受注量の増減によって必要な労働人員が左右

される製造工場において、期間の定めのない従業員と期間従業員が併存して就労している場合には、特段の事情のない限り、景気変動によって避けることのできない受注量の増減に対応することを目的として期間従業員を採用しているものと解される」などと述べています。

その上で、「控訴人C（注：労働者）が被控訴人日産車体（注：使用者）の期間従業員として雇用されていたことからすれば、控訴人Cの有していた期待は被控訴人日産車体の期間従業員としての雇用継続の期待にとどまるものとの前記判断が左右されるものではない。」として、労働契約法19条2号に該当するかどうかは明示的には述べていませんが、期待が大きかったとする労働者の主張を否定しています。

裁判例：合理的期待は更新期間の上限の限度

平成27年3月26日東京高裁判決（**55**・いすゞ自動車（雇止め）事件）は、原審（平成24年4月16日東京地裁判決・**2**）の判断を維持し、労働者（臨時従業員）に対する雇止めを相当と判断したものです。

就業規則では、臨時従業員の契約期間は、当初の契約期間と通算して3年間を超えることはないとする旨の定めがあり、実際の運用は2年11か月を上限として行われていました。

裁判所は「職務能力や勤務態度に問題がなく、不況等の事情の変化による生産計画の変更に伴う要員計画に変更がない限り、契約更新により少なくとも契約通算期間2年11か月までは雇用が継続される合理的期待を有していたというべきである。」としました。

しかし「通算契約期間2年11か月を超える雇用継続の期待については、3年規定及び2年11か月運用によりこれが直ちに否定されるものではないと解されるが、同2年11か月までの雇用継続の

期待に比して、相対的に合理的期待の程度は低くなるものと解される。」としています。

裁判例：基幹的な業務及び長期にわたる更新も想定されたもの

　平成29年11月28日横浜地裁判決（112・公益財団法人東京横浜独逸学園事件）は、約19年間、１年間ないし３年間の契約を合計12回更新した労働者に対する雇止めについて、相当でないと判断したものです。

　裁判所は「原告（注：労働者）の業務は、教員業務であり、本件学園を運営する被告（注：使用者）にとってまさに基幹的な業務であり、また、原告は本件学園の日本語科の主任を務めるなど、被告において不可欠な役割を担っていたといえる。」「原告と被告との間の雇用契約においては、勤続年数に応じて昇給がなされ、契約書上勤続年数が20年に至る場合の記載もあるなど、長期にわたる契約の更新も想定されていたということができる。」ことを前提に、「更新されるものと期待することについて合理的な理由があると認められ、しかも、その期待は相当高度のものであったと認められる。」と判断しました。

（10）期待の消滅
〜事後的な事情で期待が消滅するか？〜

Q

　一度生じた期待が、事後的な事情により消滅することはありますか。

A

　あります。ただし、その場合、消滅させる事情が生じた時点や認識した時点により、消滅することが問題となるのか、そもそも期待に合理的な理由がないとなるのかが異なります。

【問題の所在】

　一旦生じた期待を消滅させることはできるでしょうか。また、そのような事態を事前に認識していた場合、期待に合理的な理由があるといえるのか問題となります。

裁判例：既に生じていた事情を更新後に説明したことは、さらなる更新への期待を消滅させる事情とまでは評価できないとしたもの

　平成27年10月16日鳥取地裁判決（**66**・三洋電機（契約社員・雇止め）事件）は、約30年にわたり約30回、労働契約を繰り返し更新した労働者に対する事業譲渡を理由とする雇止めについて、相当と判断したものです。

　裁判所は、労働者の業務内容が正社員のそれと比して特段臨時性ないし特殊性が認められるものではないことなどを理由に、雇用が継続することへの合理的な期待が生じていたことを認めました。

　しかし、使用者が、平成24年10月、労働者に対して、事業再編（撤退）の必要性を迫られていることの説明をしたことから、その説明により、契約更新への期待が消滅したといえるかどうかが問題となりました（ただし、そのことは同年4月1日に使用者が別会社の子会社となった時点で既に問題となっていたことであり、そのような事情を前提に一度更新していたという事情もありました）。

　裁判所は「平成24年4月1日の契約更新以前の事情については、…、既に生じた契約更新への期待の合理性を相対的には幾分減弱させるものであるといえるが、これを消滅させたり、大きく減弱させたりするものとはいえないというべきであり、原告（注：労働者）の契約更新への期待は合理的なものであったということを妨げないというべきである。そして、平成24年4月の最終契約更新以降の事情である、同年10月の従業員説明会や、同年末日付けの鳥取地

区撤退等は被告側の一方的な行為によるものであり、雇止めを正当化する事情にはなりえても…、既に生じた合理的期待を消滅させる事情とまで評価することはできない。」と述べて、労働契約法19条2号該当性を否定しませんでした。

裁判例：3年雇用の方針を認識していたことを理由に否定したもの

　平成26年2月20日札幌高裁判決（**25**・北海道大学（契約職員雇止め）事件・控訴審）は、原審（平成25年8月23日札幌地裁判決・**12**）の判断を維持して、労働者に対する雇止めを相当と判断したものです。

　使用者は、雇用期間について、最長3年間という方針（3年雇用の方針）を採用していたところ、労働者がそのことを契約更新を期待する以前から認識していたため、当該期待も主観的なものであり合理的期待とはいえないとされました。

　この事件では、労働者が期待を抱いたのちに3年雇用の方針が採用された場合に、その期待を覆すことになるかという点も争われました。

　裁判所は、3年雇用の方針を労働者に期待が生じたのちに採用したとしても、合理的期待を覆すものではないと判断しましたが、結論としては上記のとおり、労働者について、そのような期待が生じる前に上記方針を認識していたと判断しています。

3 労働契約法19条柱書

（1）人員整理 〜整理解雇の4要素〜

Q

人員整理を理由とする雇止めの場合、雇止めの相当性はどのように判断されますか。

A

整理解雇の場合と同様に判断されています。

【問題の所在】

　人員整理を理由とする雇止めについては、整理解雇の場合と何か判断が異なってくるのでしょうか。

> **裁判例**：整理解雇に準じた判断基準で判断したもの

　平成26年2月14日札幌高裁判決（**24**・日本郵便（苫小牧支店・時給制契約社員A雇止め）事件・控訴審）は、労働者に対する解雇ではなく雇止めについて、原審（平成25年3月28日札幌地裁判決・**7**）の判断を維持して、相当と認めたものです。

　同様に、平成26年3月13日札幌高裁判決（**29**・日本郵便（苫小牧支店・時給制契約社員B雇止め）事件・控訴審）は、原審（平成25年7月30日札幌地裁判決・**11**）の判断を取り消して、雇止めを相当と判断したものです。

　これらは、いずれも人員削減の必要性から行われた雇止めについて判断したもので、①人員削減の必要性を認めた上で、②雇止め回

避努力、③雇止め対象者の人選の合理性及び④手続の相当性の点から客観的に合理的な理由があり社会通念上相当といえるかを判断しています。

裁 判 例：期間の定めのない従業員ではなく、期間従業員の雇止めは合理性があると判断したもの

平成27年9月10日東京高裁判決（**64**・日産自動車ほか（派遣社員ら雇止め等）事件・控訴審）は、原審（平成26年3月25日横浜地裁判決・**31**）の判断を維持し、4名の労働者のうち、雇止めが問題となった2名の労働者について、雇止めを相当と判断したものです。

裁判所は「一般に受注量の増減によって必要な労働人員が左右される製造工場において、期間の定めのない従業員と期間従業員が併存して就労している場合には、特段の事情のない限り、景気変動によって避けることのできない受注量の増減に対応することを目的として期間従業員を採用しているものと解される」などと認めました。

その上で「被控訴人日産車体（注：使用者）は、期間従業員の全員を対象として、平成21年3月末までの契約期間満了時をもって契約更新しないこととしたことが認められるところ、被控訴人日産車体における期間従業員はもともと受注量の増減に対応することを予定して採用されていることからすると、受注量の減少に伴って、期間の定めのない従業員ではなく、期間従業員の雇止めを行うことに合理性があることは、前記判断のとおりである。」として、人選の合理性という判断要素における合理性を認め、雇止めを相当と判断しました。

（2）人員整理以外の理由と相当性
　～相当性は問題とならない？～

Q

どのような場合であれば雇止めが相当と認められますか。

A

解雇の場合と同様に、能力不足や服務規律違反等の客観的に合理的な理由があれば、おおむね相当性も認められています。

【問題の所在】

　雇止めと解雇の場合とで、客観的に合理的な理由は異なるのでしょうか。また、どのような場合に相当でないと判断されるのでしょうか。

裁判例：使用者の信用を毀損したことを理由として肯定したもの

　平成25年12月25日東京地裁判決（21・八重椿本舗事件）は、雇止めを相当と判断したものです。

　労働者は、契約期間が2年8か月と認められ、一度も更新したことがなかったところ、裁判所は「契約継続に期待があるといっても、さほど高度の期待があるとまではいいがたい」と述べた上で、労働者について、①使用者が特許の共同申請を行うことを予定していた重要な取引先に対し、発明者が自己であることを頑強に主張して、そのような申入れをしたことにより使用者の信用を毀損したこと、②①により業務に支障が生じたことについて、客観的に合理的な雇止めの理由となると判断しました。

裁判例：私用メールが異常に多数に及んだもの

　平成26年3月25日大阪地裁堺支部判決（32・コンビニA事件）は、

合計９回契約が更新され、９年間継続雇用された労働者に対して行われた、服務規律違反を理由とした雇止めを相当としたものです。

　労働者が貸与を受けた携帯電話でのメールの送受信数について、他の労働者よりも著しく多く、特定の２名の従業員に対し、平成23年11月から平成24年１月までに合計905回のメールを送信しており、また、その内容も大半が、労働組合活動のための情報交換や、団体交渉後の感想や意見を交わした際のメールであり、業務と関係しないものでした。

　そのため、裁判所は「本件携帯電話を用いたメール送受信や電話の大半には業務関連性がなく、勤務時間中に送受信されたメールや電話が相当数に上ること…も勘案すると、原告（注：労働者）は、本件携帯電話の貸与を受けるに際し、遵守事項を確認したにもかかわらず…、勤務時間中に私事を行うなどしたと認められる。また、Ｃ、Ｄ及びＥらに対する言動も、業務指示の拒否や無視、上司に対する暴言や反抗的態度等、従業員としての忠実義務に反するものであると認められる。」として、これらが非違行為にあたるものと認め、さらに、労働者がこれらについて二度にわたり警告を受けていることなどを踏まえ、雇止めの合理的な理由となると認めました。

裁判例：遅刻を理由としたもの

　平成26年８月25日東京地裁判決（**41・国・中労委（JR西日本・動労西日本岡山）事件**）は、中労委の救済命令の取消しを求める中で、雇止めの不当労働行為性が問題となったものです。

　裁判所は「会社（注：使用者）は、その鉄道事業という公共的性質上、社員に対して厳格な時間管理を求め、その重要性について指導を行ってきており、Ａ（注：労働者）に対しては、同人が過去３回にわたって遅刻する度毎に注意、指導を行い、平成21年度の契約更新に際しての面談においては、今後同種の事象が発生すれば次

の契約更新の判断材料にする旨を伝えて、遅刻をしないよう改めて注意喚起もなされていたものであって、それにもかかわらず、Aは、過去3回の遅刻と同様の理由により、本件遅刻に及んでいる。そして、本件雇止め以前に4回以上遅刻をした契約社員の契約更新をした事例はなかったものであって、事業の性格上、厳格な時間管理を求め、従前からも徹底指導を行ってきた会社が、かかる事象に基づき本件雇止めの判断をしたとしても、相応の理由があったといえる。」として、雇止めを相当と判断しました。

裁判例：契約期間中1日も出勤せず復帰が見込めなかったもの

平成29年9月11日東京地裁判決（**107**・日本郵便（新東京局・雇止め）事件）は、6か月の労働契約を更新してきた労働者に対して行われた、私傷病による欠勤を理由とする雇止めについて、相当と判断したものです。

労働者は、平成27年4月1日に更新され終期を同年9月30日とされた労働契約の期間、私傷病により1日も勤務しなかったところ、その終期において雇止めとなったものです。

裁判所は、それ以前の契約期間においても欠勤日数が多かったこと、また、上記契約期間中の症状として痛みがなくならず、手術を行う可能性も示唆されていたことを前提に、「J局長は、同（注：8）月21日頃、原告（注：労働者）について、同（注：平成27）年9月30日の雇用期間満了をもって契約更新を拒絶することを決定し、同年8月21日、原告に対し、その旨通知したこと、これについて、原告は、直ちに異議を述べず、約1か月後の同年9月24日付け上申書により、本件雇止めの撤回を求めたものの、上記症状の回復や職場復帰の可能性を裏付ける診断書等を提出せず、同月30日まで欠勤を続けたため、上記通知どおり、同日、本件雇止めが行われたことが認められる。」などの理由から、相当と判断しました。

裁判例：更新回数制限に基づく雇止めを相当と判断したもの

　平成27年7月31日東京地裁判決（**63**・シャノアール事件）は、雇用期間3か月の有期労働契約を、平成15年8月24日から平成19年3月27日まで14回更新を繰り返し、平成20年7月7日から平成25年6月15日まで19回更新を繰り返した労働者に対する雇止めを相当と判断したものです。

　使用者では、アルバイトの更新回数を最大15回と制限していましたが、その理由は、使用者が、常時5000人以上のアルバイトを雇用していたところ、店長とアルバイトとの軋轢があったからでした。

　裁判所は「店長とアルバイトとの指揮命令関係に支障を来している事実が頻発しているのであれば、企業として当然何らかの対策を取らざるを得ない。」「配置転換された店長がアルバイトとの軋轢に苦労することは被告（注：使用者）において一般的に生じている事態と考えられる。」「むろん、店長とアルバイトとの軋轢の解決方法として、アルバイトの更新制限が最善の手段といえるかには議論の余地がないわけではないが、…被告内での他の手段の検討は行われているのである。また、制度導入の結果として、…、いまだ被告内の社員の入れ替わりが相当数にのぼるものの、被告社員の退職者数が減少している事実が認められることから、一応の相関関係にはある。」「そうすると、本件更新制限は、被告の労務管理上必要に迫られてやむなく取られた措置というほかない。」「そして、更新回数が最大15回と定められた経緯も、契約社員制度との均衡等、被告の内部事情を理由とするものであったと認められる。」として、これに基づく雇止めも相当と判断しました。

〈補足説明〉

　雇止めを相当と判断しなかったものについて、解雇の場合と異な

り、人員整理を理由とする雇止め以外に、客観的に合理的な理由がありながら雇止めを社会通念上相当でないと判断した裁判例はほとんどありませんでした。

　おそらくですが、期間の定めのない労働契約における解雇の場合、労働契約が継続することを前提としていますので、客観的に合理的な理由があったとしても、労働契約を終了させることが相当かどうかが当然に問題となるからであると理解できます。例えば、注意や指導を行って改善を図ることで解雇を回避し得るなら、解雇を相当としない場合などです。

　それに対して、雇止めの場合は、期間の満了により労働契約が終了してしまいますので、更新をしないことに客観的に合理的な理由がある場合（より消極的な言い方をすれば、「更新するだけの理由がない」場合）、雇止めとなることも相当と判断されやすくなるということの現れだと理解できます。

　そのため、解雇の有効性については、解雇の理由（目的）と解雇を選ぶこと（手段）の必要性・相当性が相関的に考慮されますが、雇止めについては、更新されることに対する期待の程度と雇止めを行う理由（目的）が相関的に考慮される関係にあるといえます。

　したがって、雇止めにおいて、人員削減を理由とする場合や、雇止めの上限を３回としながらそれに満たない更新回数で雇止めを行うような場合には相当性が問題となるかもしれませんが、そうでない場合には、客観的に合理的な理由があれば、相当性を否定する理由がなく、それだけが独立して問題となることがあまり想定し得ないものと理解されます。

4 定年制と再雇用

（1）定年制とは 〜労働契約の終了事由〜

Q

定年とはどのような制度ですか。

A

解雇等の意思表示によることなく、労働契約を終了させる制度です。

【問題の所在】

そもそも、定年がどのような制度であるかが問題となります。

具体的には、定年で労働契約が終了し、例外的に再雇用が認められるのか、反対に、定年であっても労働契約は継続し、例外的に再雇用が否定されるものでしょうか。

裁判例：解雇権濫用法理を類推することはできないとしたもの

平成26年9月11日大阪高裁判決（**44**・学校法人同志社（大学院教授・定年延長拒否）事件・控訴審）は、原審（平成26年3月24日京都地裁判決・**30**）の示す理由を修正ないし追加した上で、退職扱いを相当とした判断を維持したものです。

就業規則では、65歳をもって定年退職するとの規定のほか、教授会による審議を行った上で1年度ごとに定年を延長することができるものとし、満70歳の事業年度を限度とするとされていました。

裁判所は、2度目の定年延長がされることなく退職扱いとなった

労働者について「退職は、合意で定められた定年（１年間延長された後のもの）に達したことによるものであり、被控訴人（注：使用者）が、解雇又は解雇に準ずる意思表示をしたことはないから、控訴人（注：労働者）の定年退職に解雇権濫用法理を類推適用することはできない」としました。

裁判例：地位確認を定年までしか認めなかったもの

　平成28年２月12日京都地裁判決（**71**・石長事件）は、退職の意思表示を動機の錯誤を理由に無効とし、休職期間満了による自然退職についても無効と判断し、定年までの地位確認請求等を認めたものです。

　しかし、裁判所は「被告（注：使用者）の就業規則上、原告（注：労働者）は、定年によって退職することとなったと認められるから、定年時以降の労働契約上の地位確認及び賃金支払請求が認められるためには、定年時以降も原告と被告との間で労働契約が維持ないし再締結された蓋然性が認められることが必要である。」と述べ、定年により労働契約が終了することを前提として定年後の請求の当否を判断しています。

　そして、定年後再雇用の基準に照らし、定年退職日である平成27年12月４日の翌日以降については、休職した期間が長期に及んだことを理由に、定年後労働契約を再締結する蓋然性があるとは認められないとし、同日の翌日以降の労働契約上の権利を有する地位等の請求を認めませんでした。

　また、平成29年12月25日岐阜地裁多治見支部判決（**114**・エヌ・ティ・ティマーケティングアクト事件）は、雇止めを相当ではないと判断したものですが、これについても、賃金支払請求については、定年までのものしか認めませんでした。

（2）定年後再雇用の場合の労働条件
　〜定年前の労働条件が継続する？〜

> **Q**
>
> 定年後再雇用の労働条件は、定年前と同一のものとなりますか。

> **A**
>
> 直ちにそうなるものではありません。

【問題の所在】

　定年の延長や廃止ではなく、再雇用制度を採用した場合、再雇用後の労働条件は、定年前のそれに拘束されるのでしょうか。

> **裁判例**：定年後の労働条件は合意により定まると述べたもの

　平成30年1月29日東京地裁立川支部判決（115・学究社（定年後再雇用）事件）は、定年後、有期労働契約として再雇用され1年間勤務した労働者が、定年退職前と同一の労働条件で採用されたと主張して、定年後に支払われた賃金との差額の支払いを請求したものです。

　裁判所は、この点について、労働者の請求を認めませんでしたが、就業規則に次のような規定がありました。

> ①　社員の定年は満60歳とし、定年に達した年月の末日をもって退職とする。ただし、社員本人が勤務を希望し、雇用条件について会社と社員の双方が合意した場合、65歳まで再雇用する。再雇用条件については別に定める定年後再雇用規程による。
>
> ②　再雇用後の給与は、会社との契約締結の際、会社が決定する。

これを前提に、裁判所は「原告（注：労働者）と被告（注：使用者）との間の再雇用契約は、それまでの雇用関係を消滅させ、退職の手続をとった上で、新たな雇用契約を締結するという性質のものである以上…、その契約内容は双方の合意によって定められるものである。」として、使用者について、再雇用の際に提示された雇用契約書記載の労働条件以外の条件では、再雇用する意思がなかったと判断しました。

〈補足説明〉

定年でこれまでの労働契約が終了するということからすれば、再雇用後の労働条件がそれを引き継ぐ必然性はありません。

もっとも、再雇用の際に、使用者が提示した労働条件の内容によっては、不法行為が成立するとする次のような裁判例もありますので、その点は注意が必要です。

・平成28年9月28日名古屋高裁判決（83・トヨタ自動車ほか事件）
・平成29年9月7日福岡高裁判決（106・九州惣菜事件）

（3）定年後再雇用の合意 〜黙示の合意〜

Q

定年後の再雇用は、必ず、明示の合意によらなければなりませんか。

A

黙示の場合でも構いません。

【問題の所在】

定年後に再雇用される場合には、定年で退職となる以上、再雇用

について明示の合意が必要でしょうか。

裁判例：特段の手続がなく再雇用されたと認められたもの

平成26年1月14日東京地裁判決（**22・ブーランジェリーエリックカイザージャポン事件**）は、定年後の再雇用ののちに行った雇止めを相当でないと判断したものです。

労働者は、平成24年2月、就業規則上の定年退職日とされている満60歳に達した日以後の最初の賃金締切日が経過しましたが、その時点で特段の手続がとられることなく、それ以降も同一の地位で職務に従事していました。

そのため、裁判所が、定年後の再雇用について「被告（注：使用者）における嘱託契約は、1年のものとそうでないものがあること、原告（注：労働者）については、1年の嘱託契約となる継続雇用制度において定められた、定年6か月前までの条件提示と希望聴取という手続も踏まれていないことに照らすと、原告被告間に1年の有期雇用契約が締結されたと認めることはできない。」と判断しました。

就業規則の規定は次のようなものでした。

（就業規則61条）
① 従業員の定年は満60歳とし、定年に達した日以後の最初の賃金締め切り日をもって退職とする。ただし、60歳を超えても、別に定める労使協定の該当者が希望したときは、満65歳まで雇用する。この者とは、契約期間を1年とする嘱託契約を更新するものとし、労働条件等は個別に定める。
② 前項のほか、定年に達した者であっても会社が必要とする者については、引き続き嘱託として雇用することがある。

〈補足説明〉

　高年法９条が、65歳まで継続して雇用される措置を求めたものであり、有期労働契約による再雇用を義務付けたものではありませんので、この裁判例の判断は当然のものといえます。

　また、労働者が、特段の手続がとられることなく、業務に従事し続けたことから、使用者として、就業規則規定の「会社が必要とする者」と判断し、労働者としても再雇用されることに黙示的に合意したものと判断されたと理解できます。

（4）再雇用後の契約更新
～労働契約法 19 条の適用は？～

> **Q**
>
> 高年法９条の継続雇用制度による、有期労働契約での再雇用の基準について、労使協定がある場合でも労働契約法 19 条は適用されますか。

> **A**
>
> 適用されると考えて問題ないと思われます。

【問題の所在】

　高年法９条について労使協定（平成25年３月31日までに規定しておく必要があります）を定め、それに基づいて運用したとしても、労働契約法19条により、契約の更新が義務付けられる場合があるのでしょうか。

> **裁 判 例**：評価が雇止めの合理的な理由とならないとしたもの

　平成28年２月19日東京地裁判決（**72・シンワ運輸東京事件**）は、定年退職後、引き続き再雇用されていた労働者に対する更新拒絶について、更新基準に照らし、不適法で無効と判断したものです。

この事件は、再雇用基準を点数化していたものですが、裁判所は、再雇用制度があることを理由に「本件更新拒絶のされた当時、客観的にみて、原被告間の雇用契約が再度更新されることの合理的期待（労働契約法19条2号参照）があったものと認められる。」と述べています。

　その上で、さらに、使用者が、労働者の点数が基準を満たさないと判断（評価）した点について「その評価の基礎とした事由をもって更新拒絶の客観的合理的理由に当たるか否か、更新拒絶することが社会通念上相当か否か（労働契約法19条）といった観点から検討すべきである。」と述べ、その評価の基礎とした「荷下ろしをしないで持ち帰る。」という労働者の業務拒否の発言について、貨物自動車の運転手として配車係を困惑させる軽率で不相当な内容のものと評価しながら、結局は、労働者が業務を全て遂行し、使用者の業務への具体的影響はなかったとし、労働契約法19条の更新を拒絶する客観的に合理的な理由はないと判断しました。

裁判例：使用者に対する批判を理由とする更新拒絶を不相当としたもの

　平成28年1月29日東京地裁判決（**70**・全日本海員組合（再雇用更新拒絶）事件）は、定年後の再雇用について、1年間の期間満了後、契約更新されなかったことについて、更新を拒絶する客観的に合理的な理由を欠き、社会通念上相当であるとは認められないとされたものです。

　使用者が、更新を拒絶した理由は、労働者がブログにおいて「これから、このブログを通じて海員組合（注：使用者）の良いところ、悪いところ、などなど、思うがままに記していきたいと思います。」と記載し、それ以降、使用者の社会的評価を低下させる事実の指摘や、「指導力を人事権の濫用と情報統制に頼るという異常な組織運

営」といった意見ないし論評を記載したことでした。

　しかし、裁判所は、労働者の記事は使用者の社会的評価を下げるものであるが「全体として見ると被告（注：使用者）の人事や係属する労働関係訴訟等を公表して被告の民主化、健全化を図ることに主眼があったと認められる。」として、労働者の記事について、名誉毀損としての不法行為の成立を認めず、更新拒絶の合理的な理由となる不当な行為であったとはいえないと判断しました。

〈補足説明〉

　再雇用制度であっても、有期労働契約である以上、労働契約法19条が適用されるのも当然といえば当然です（条文が、これを除外するような規定となっていないからです）。

　例えば、解雇の場合に、就業規則の解雇事由をどのように規定したとしても、最終的には、それが労働契約法16条の要件を満たすかどうかが判断されます。それと同じように、どのような再雇用（更新）基準であっても、それを理由として更新を拒絶するのであれば、それについて労働契約法19条の要件を満たすかどうかが判断されるということになります。

　そのため、定年後の継続雇用の契約更新の場面において、契約更新の基準を厳しく定めたとしても、労働契約法19条の要件が緩和され、雇止めが相当と認められやすくなるものではありません。

(5) 定年後再雇用
〜定年前と定年後に労働契約法19条の適用は？〜

Q

定年退職後、使用者による再雇用の判断について、労働契約法19条の適用ないし類推適用はありますか。

A

高裁までの判断の限りでは、適用ないし類推適用を肯定したものはありませんが、同条の趣旨を考慮するかどうかについて、判断が分かれています。

【問題の所在】

　定年退職後再雇用を拒否された場合に、労働契約法19条の適用ないし類推適用を前提に、地位確認請求が認められることはあるのでしょうか。

　再雇用後に有期労働契約を更新する場面であれば適用があるといえますが、定年を挟み、期間の定めのない労働契約と有期労働契約との間を継続することは、同条の予定した事実関係とは状況が異なります。

　もっとも、契約が継続されるという点や、定年と同様に期限の到来による退職事由という類似点を捉えれば、直接適用されることはなくとも、類推適用が認められるようにも思えます。

裁判例：最高裁の判断と事案が異なるとして否定されたもの

　平成29年9月7日福岡高裁判決（106・九州惣菜事件）は、労働者が、労働契約法19条の要件に基づき定年後の再雇用契約が成立したと主張したことに対し、裁判所が「控訴人（注：労働者）の援用する最高裁平成24年11月29日第一小法廷判決（裁判集民事242号51頁〈津田電気計器事件〉）は、定年後有期労働契約を締結した労働者が、その期間満了後2回目の再雇用契約が成立したと主張して労働契約上の権利を有する地位の確認等を求めたものであり、本件と事案を異にする。」と述べて適用を否定したものです。

　上記裁判例が引用する平成24年11月29日最高裁判決（3・津田

電気計器事件）では、業務能力が点数化され、その点数に応じて再雇用（更新）の可否及び労働条件の内容が決まるものでした。

　最高裁判所は「上告人（注：使用者）は、法9条2項に基づき、本社工場の従業員の過半数を代表する者との書面による協定により、継続雇用基準を含むものとして本件規程を定めて従業員に周知したことによって、同条1項2号所定の継続雇用制度を導入したものとみなされるところ、期限の定めのない雇用契約及び定年後の嘱託雇用契約により上告人に雇用されていた被上告人（注：労働者）は、在職中の業務実態及び業務能力に係る査定等の内容を本件規程所定の方法で点数化すると総点数が1点となり、本件規程所定の継続雇用基準を満たすものであったから、被上告人において嘱託雇用契約の終了後も雇用が継続されるものと期待することには合理的な理由があると認められる一方、上告人において被上告人につき上記の継続雇用基準を満たしていないものとして本件規程に基づく再雇用をすることなく嘱託雇用契約の終期の到来により被上告人の雇用が終了したものとすることは、他にこれをやむを得ないものとみるべき特段の事情もうかがわれない以上、客観的に合理的な理由を欠き、社会通念上相当であると認められないものといわざるを得ない。」と判断しています。

　この最高裁判例は、労働契約法19条2号の適用を明示していませんが、その言い回しからは、同条号を意識した判断であることが理解できます。しかし、定年後再雇用について、同条号の適用を肯定したものではありませんので、上記裁判例は、「事案を異にする」と述べたものでした。

裁判例：労働契約法19条の適用ないし類推適用を否定したもの
平成28年11月30日東京地裁判決（**88**・学校法人尚美学園（大学

専任教員B・再雇用拒否）事件）は、定年後再雇用について労働契約法19条2号の類推適用を認め、65歳で定年退職となった労働者の再雇用後の地位確認請求を認めました。

しかし、この事件の控訴審である、平成29年9月28日東京高裁判決（労働判例不掲載）は、原審の判断を取り消し、労働契約法19条の類推適用の基礎を欠くと判断しました。

具体的には、定年退職前の労働契約が期間の定めのないものであったことから「労契法19条は、『従前の有期労働契約の内容である労働条件と同一の労働条件で当該申込みを承諾したものとみなす』と規定しているのに対して、本件における従前の契約は期間の定めのない労働契約であるから、新たに成立するものとみなされる有期労働契約の労働条件の特定は不可能であるところ、この点をその後に締結される可能性のある別の契約に係る本件規程（注：使用者の定めた再雇用に関する規程）の定めを利用することで補うことは、説明がつかないというべきである。」と述べています。

もっとも、この事件では、労働契約法19条の類推適用は否定しましたが「控訴人（注：使用者）は、特別専任教員としての勤務委嘱に関する本件規程の定めに関して、信義に従い誠実に義務を履行しなければならず、労働契約に基づく権利の行使に当たってはそれを濫用してはならないのであるから、控訴人が被控訴人を特別専任教員として不採用としたことが権利濫用等となるか否かについて更に検討する。」と述べ、再雇用が認められる場合があるとしてさらに信義則違反の有無を検討しましたが、同違反がなかったものと判断しました。

裁判例：定年後再雇用に労働契約法19条趣旨を考慮したもの

平成29年3月9日東京高裁判決（98・学校法人尚美学園（大学専任教員A・再雇用拒否）事件・控訴審）は、原審（平成28年5

月10日東京地裁判決・76）の判断を変更して、定年後、専任教員として再雇用されたものとせず、地位確認請求を認めなかったものです。

原審は、再雇用を拒否した際の使用者が行った評価について、具体的理由が明らかでないなどの理由から、再雇用による雇用継続に期待することには合理性があると判断し、請求を認めました。

しかし、控訴審は「信義則上、１審被告（注：使用者）が１審原告による定年後の再雇用の申込みを承諾すべき義務があるか否かを判断するに当たり、同条（注：労働契約法19条）の趣旨を考慮することは許されるものと解され」るとしながらも、「その職務内容は、複雑かつ高度なものであるということができることに加え、大学の教員の雇用については、一般に流動性のあることが想定されている」ことを理由に、①再雇用の適否を使用者の判断に委ねていることについて合理性が認められ、就業規則を根拠として、満70歳までの継続雇用を期待することはできない、②労働者の採用に際して、定年後再雇用の実績等の説明がされたとしても、自身の定年が８年後であるから、それまでに従前と異なる運用がされ得ることを認識すべきこと、③満70歳以上で退職した者は６名に過ぎず、実績はわずかな例があるに過ぎないこと等から、再雇用を期待することは合理的でないと判断し、請求を認めませんでした。

〈補足説明〉

平成29年３月９日東京高裁判決（**98**・学校法人尚美学園（大学専任教員Ａ・再雇用拒否）事件・控訴審）は、平成29年９月28日東京高裁判決（労働判例未掲載）と同じ使用者のもとで、同じ立場（大学の教員）の別の労働者の地位確認請求を判断したものです。

これらの裁判例は、労働契約法19条の適用があるかどうかが問題となり、最終的にはそれを否定し、使用者の再雇用拒否が信義則

違反となるかどうかという基準でその当否を判断したものです。

　判断基準として、どの要件を適用するかは労働契約法19条と信義則（民法1条2項）とで異なりますが、その要件を基礎付ける事実（例えば、実際に再雇用され70歳まで勤務したものが少数であった事実等）は共通しています。

　もっとも、労働契約法19条が適用ないし類推適用される場合には、同法の趣旨のもと、再雇用を拒否した使用者の判断の当否が問題となるため、労働者にとって有利な判断をもたらしやすいと思われます。

　他方、労働契約法19条の適用ないし類推適用が否定されれば、使用者に一義的な判断権が留保され、その判断は原則として尊重されることになるはずですから、信義則違反を認め、再雇用が認められるためのハードルが高くなったのだと思われます。

裁判例：定年後再雇用に労働契約法19条の趣旨等を考慮して再雇用契約が成立する余地はあるとしたもの

　平成31年2月13日東京高裁判決（**124**・国際自動車ほか（再雇用更新拒絶・本訴）事件・控訴審）は、定年後の再雇用について、原審（平成30年6月14日東京地裁判決・**121**）の結論を維持し地位確認請求を認めなかったものの、労働契約法19条の適用等について肯定的に言及したものです。

　この事件では、原審は、定年の到達とともに労働契約が終了し、一度も再雇用されなかった労働者について、労働契約法19条の類推適用を認めず、また、再雇用されないことが権利濫用にあたるとの主張も認めませんでした。

　控訴審の裁判所は「期間の定めのない雇用契約が定年により終了した場合であっても、労働者からの申込みがあれば、それに応じて期間の定めのある再雇用契約を締結することが就業規則等で明定さ

れていたり、確立した慣行となっていたりしており、かつ、その場合の契約内容が特定されているということができる場合には、使用者が労働者一般に対して、特段の欠格事由のない限り、再雇用する旨の黙示の意思表示をしていると解されるときはもちろん、そうでなくとも、労働者において雇用契約の定年による終了後も再雇用契約により雇用が継続されるものと期待することには合理的な理由があるから、労働者から再雇用契約締結の申込みがあったにもかかわらず、使用者が再雇用契約を締結せず、それが客観的に合理的な理由を欠き、社会通念上相当と認められない場合には、使用者が再雇用契約を締結しない行為は権利濫用に該当し、その場合に、労契法19条の基礎にある法理や解雇権濫用法理の趣旨ないし使用者と労働者との間の信義則に照らして、期間の定めのない雇用契約が定年により終了した後、上記の特定されている契約内容による期間の定めのある再雇用契約が成立するとみる余地はあるものというべきである。」と述べました。

　もっとも、裁判所は、明文上の規律や確立した慣行がなく、一方当事者の意思表示で労働契約の成立を認めることは、当事者の合意により労働条件が定まるという一般原則に反するなどとして、労働契約の成立は認めず、使用者が再雇用を拒否した理由を不当と判断し、不法行為の成立を認めました。

5 その他（労働契約法19条の適用に関連する諸問題）

（1）有期雇用から無期雇用への移行
〜19条の類推適用の可否〜

Q

内部的な規定により有期労働契約から期間の定めのない労働契約への移行が制度としてある場合、労働契約法19条の規定する「期待」が考慮され、その効果として契約の移行を主張することはできませんか。

A

労働契約法19条の適用ないし類推適用が問題となる場面ではありませんので、主張することは困難と思われます。

【問題の所在】

　労働契約法18条ではなく、有期労働契約が終了したのちに、使用者と労働者の合意により期間の定めのない労働契約に移行する規定が存在する場合があります。このとき、使用者が合意しなくとも、労働契約法19条を根拠に、期間の定めのない労働契約への移行を主張することはできるのでしょうか。

裁判例：有期から無期への移行に適用を認めなかったもの

　平成28年9月27日京都地裁判決（**82・学校法人京都産業大学事件**）は、大学の助教（有期労働契約）であった労働者が、大学内の規定により、准教授（期間の定めのない労働契約）の地位確認を求

めたのに対し、それを認めなかったものです。

　裁判所は、契約更新について明示的に労働契約法19条の問題とはしませんでしたが、労働者の主張に基づき「原告（注：労働者）は、本件は有期雇用の雇止めの一類型であり、助教から准教授への昇任を内容とする雇用の継続に対する合理的期待が認められるから准教授の地位を内容とする労働契約が存するとの主張をするようにも解される。」「しかしながら、上記のとおり、助教としての労働契約は有期契約であり、他方、准教授としての労働契約は期限の定めのない契約である点で、両契約は本質的に異なるものであり、別個独立の契約であると解される。そして、有期労働契約の雇止めは、雇止めが無効とされる場合には、従前の有期労働契約の更新がされると解されるものであり、本件のように、雇止めが無効となることにより、全く別個の、期限の定めのない労働契約に転ずることを容認するものではないから、原告の主張は前提を誤っており、採用し難いものといわざるを得ない。」と述べました。

最高裁判例：更新限度期間後の無期雇用への転換を認めなかったもの

　平成28年12月1日最高裁判決（**90**・福原学園（九州女子短期大学）事件・上告審）は、3年の更新限度期間内の雇止めについて相当としなかった原審（平成26年12月12日福岡高裁判決・**49**）の判断は維持しましたが、使用者の定めた規定に基づき、その後期間の定めのない労働契約となるかどうかについては否定したものです。

　上告審裁判所は「本件労働契約は、期間1年の有期労働契約として締結されたものであるところ、その内容となる本件規程には、契約期間の更新限度が3年であり、その満了時に労働契約を期間の定めのないものとすることができるのは、これを希望する契約職員の勤務成績を考慮して上告人（注：使用者）が必要であると認めた場

合である旨が明確に定められていたのであり、被上告人（注：労働者）もこのことを十分に認識した上で本件労働契約を締結したものとみることができる。上記のような本件労働契約の定めに加え、被上告人が大学の教員として上告人に雇用された者であり、大学の教員の雇用については一般に流動性のあることが想定されていることや、上告人の運営する３つの大学において、３年の更新限度期間の満了後に労働契約が期間の定めのないものとならなかった契約職員も複数に上っていたことに照らせば、本件労働契約が期間の定めのないものとなるか否かは、被上告人の勤務成績を考慮して行う上告人の判断に委ねられているものというべきであり、本件労働契約が３年の更新限度期間の満了時に当然に無期労働契約となることを内容とするものであったと解することはできない。そして、…事実関係に照らせば、上告人が本件労働契約を期間の定めのないものとする必要性を認めていなかったことは明らかである。」「また、有期労働契約の期間の定めのない労働契約への転換について定める労働契約法18条の要件を被上告人が満たしていないことも明らかであり、他に、本件事実関係の下において、本件労働契約が期間の定めのないものとなったと解すべき事情を見いだすことはできない。」として否定しました。

（2）季節労働者への類推
〜春季から秋季への労働契約の更新？〜

Q

春季と秋季にそれぞれ数か月間働く季節労働者について、秋季の契約終了ののち、翌シーズンの春季の契約をしないと通知した場合に、労働契約法19条の適用はあるのでしょうか。

A

ありません。

【問題の所在】

　季節労働者が各シーズンでの有期労働契約の締結を繰り返していた場合、次のシーズンにも契約が締結されることを期待することは当然とも思えます。もっとも、この場合に、労働契約法19条を理由に契約の成立を認めることはできるのでしょうか。

裁判例：季節労働者への類推適用を否定したもの

　平成27年6月24日東京高裁判決（**60**・Ａ農協事件・控訴審）は、原審（平成26年12月24日長野地裁松本支部判決・**50**）が労働者保護の趣旨から労働契約法19条2号を類推適用し労働者の地位確認請求を認めたのに対し、その判断を取り消したものです。

　具体的には、平成8年以降約17年間にわたり、季節労働者として春季と秋季にそれぞれ一定の期間の有期労働契約を繰り返し締結してきた労働者について、平成24年度秋以降の労働契約締結が拒否されました。そのため、労働者が、労働契約法19条2号の類推適用により、当該秋季について地位確認請求をしましたが、類推適用を認めず、請求を棄却したものです。

　裁判所は、同条号の趣旨について「労働契約法19条2号は、期間満了後も従前の有期労働契約が継続することに対する労働者の期待と、期間満了により従前の有期労働契約を終了させる使用者の必要性との調整をはかるため、労働者が有期労働契約の契約期間の満了時にその有期労働契約が更新されて継続するものと期待することについて合理的な理由が認められる場合において、使用者が雇止めをすることが、客観的に合理的な理由を欠き、社会通念上相当であると認められず、契約期間の満了時までに当該有期労働契約の更新の申込みをしたとき又は当該契約期間の満了後遅滞なく有期労働契約の締結の申込みをしたときは、雇止めは認められず、使用者は、従前の有期労働契約と同一の労働条件で労働者による有期労働契約

の更新又は締結の申込みを承諾したものとみなす旨を規定する。同号は、従前の有期労働契約を継続させる一種の法定更新を定める規定であり、法定更新の法律効果の発生を明確にするため、契約期間の満了時までに当該労働契約の更新の申込みをしたこと又は当該契約期間の満了後遅滞なく有期労働契約の締結の申込みをしたことをその法定更新の要件と定めるものである。」と述べています。

そして「労働契約法18条2項は、ある有期労働契約と他の有期労働契約との間の空白期間がある場合であっても、有期労働契約の反復更新により期間の定めのない労働契約への転換の有無を判断するについて、同期間が一定限度内であれば両契約期間を通算することを認めており、また、同法19条も、有期労働契約終了後に新たな契約締結の申込みをした場合であっても、当該契約期間満了後『遅滞なく』上記申込みをしたときは、使用者が同条所定の条件で当該申込みを承諾したものとみなす旨を規定していることからすれば、同条2号を類推適用するについて、従前の有期労働契約と同号により更新された後の有期労働契約が連続しており、各契約間に全く空白のないことまで求めているものではないと解すべきであるものの、…同号の趣旨及び『当該契約期間の満了後遅滞なく有期労働契約の締結の申込みをした場合』という文理からすれば、同号の類推適用をするためには、上記空白期間は、各有期労働契約の契約期間との対比などから、従前の有期労働契約が法定更新によって継続されると法律上評価することができる程度のものにとどまることを要するものというべきである。」としました。

さらに「控訴人と被控訴人の各有期労働契約に同法19条2号を類推適用することは、同条が、その法定更新の法律効果の発生を明確にするため、『契約期間が満了する日までの間に労働者が当該有期労働契約の更新の申込みをした』こと『又は当該契約期間の満了後遅滞なく有期労働契約の締結の申込みをした』ことを要する旨を

規定する趣旨に反するものといわざるを得ない。」として労働契約法19条2号の類推適用を認めませんでした。

（3）労働契約以外の契約への類推
～労働者性のない業務委託者～

Q

業務委託契約に労働基準法19条は類推適用されますか。

A

契約の類似性から、類推適用を肯定した裁判例があります。

【問題の所在】

労働契約以外であっても、業務委託契約等を反復更新して役務を提供する契約は存在します。

このような契約に、労働契約法19条は類推適用されるのでしょうか。

裁判例：業務委託契約の更新拒絶に類推適用したもの

平成27年11月30日大阪地裁判決（**68・NHK堺営業センター（地域スタッフ）事件**）は、NHKの集金等を内容とする有期の業務委託契約について、労働契約法上の労働者性は認めませんでしたが、その契約更新の拒絶について、労働契約法19条（2号）の類推適用を認めた上で、更新しないことを相当と判断しました。

裁判所は「契約の継続及び終了において原告（注：受託者）を保護すべき必要性は、労働契約法上の労働者とさほど異なるところはなく、期間の定めのある本件契約の更新については、労働契約法19条を類推適用するのが相当であるから、以下において、本件契約が労働契約法19条の類推適用により更新されたものとみなされるか否かについて検討する。」としました。

その上で、労働契約法19条1号該当性はその都度更新の是非を判断していること等を理由に否定しましたが、同法19条2号については「他方、…①被告（注：委託者）の地域スタッフは、昭和5年から現在まで80年以上続いている職種であり、平成23年12月当時でも放送受信契約の契約取次件数の過半数を担っていたなど被告の事業継続に不可欠な存在であったこと、②原告は、被告との間で6回にわたり本件契約を更新し、平成9年から15年余にわたり地域スタッフとして稼働していたことに照らせば、原告は、平成26年4月1日に本件契約が更新されるものと期待することについて合理的な理由があったと認められる。」と判断しました。

しかし、裁判所は、受託者の業績不振、指導・助言に対する態度不良及び精神疾患による複数回の長期休業を理由に、更新拒絶を相当としました。

（4）労働者供給契約との関係 〜供給の申込み〜

Q

労働者供給契約に基づき供給の申込みがなく結果として雇止めとなった場合、労働契約法19条の適用を否定できますか。

A

適用があると判断した裁判例があります。

【問題の所在】

労働者供給契約は、供給元と供給先との間の契約（労働者供給契約）に基づき、供給元が供給した者を、供給先が使用者となり、労働者として指揮命令することができるものです（職業安定法4条6項参照）。

供給先が供給を求めない場合、供給される者は就労できなくなりますが、このことは労働者供給契約に基づく行為として、労働契約

法の適用は受けないのでしょうか。

裁判例：労働者供給契約で供給の申込みをしなかった場合

平成28年8月9日東京地裁決定（81・国際自動車（再雇用更新拒絶・仮処分第1）事件・仮処分）は、使用者と労働組合が労働者供給契約を締結していたところ、使用者が、有期労働契約を締結し、期間が満了した労働者について、再度、供給を申し込まなかったことから、地位確認請求がされたものです。

使用者は、単に、供給の申込みをしなかっただけであり、労働契約法19条の適用はないと主張しましたが、認められませんでした。

裁判所は「本件供給契約は、債務者（注：使用者）が供給の申込みをした供給労働者と債務者との間で、別途雇用契約が締結されることを当然の前提としているものと認められる…。そうすると、本件供給契約に基づく債務者からの供給申込みが契機となるとしても、債権者（注：労働者）らと債務者との契約関係は雇用関係であるから、労働契約法及び労働基準法が適用されることは明らかである。」「本件供給契約の締結により、契約期間の満了した労働者に対する供給申込みが債務者の自由裁量に委ねられ、その結果債務者と労働者との有期労働契約の更新の場面に労働契約法19条が適用されなくなるとすれば、本件供給契約は、労働者保護の観点から労働者供給事業の原則禁止を定めた職業安定法44条の趣旨に反するとともに、労働契約法19条による規制を潜脱するものとして公序良俗に反し無効というべきである。」として、契約書の契約更新の考慮事由の記載も踏まえ、労働者との有期労働契約の更新の有無が、債務者の自由裁量による供給申込みの有無に委ねられるのではなく、一定の合理的な判断基準に基づくものであったとして、労働契約法19条の適用があると判断しました。

なお、この事件での労働者供給契約は、次のように規定されてい

ました。

　ア　債務者に供給される本件組合の組合員の従事すべき業務内
　　　容、就業場所、債務者において組合員を指揮命令する者その他
　　　労働者供給の実施に関し必要な細目は、別途合意する労働者供
　　　給契約によるものとする（1条）。

　イ　就業の確保（2条）

　　（ア）本件組合は、債務者の申込みに応じて随時組合員を供給
　　　　する。

　　（イ）債務者が就業させる組合員は、本件組合から供給される
　　　　組合員で債務者とその関連会社の定年者とする。

　　（ウ）債務者は、組合員の配置について、原則当該組合員の出
　　　　身就業場所とする。ただし、需要動向や債務者の都合により
　　　　他の就業場所に配置することができる。

　ウ　業務指揮（3条）

　　（ア）債務者は、組合員について、その者が債務者において従
　　　　事すべき業務の遂行に関し必要な指揮命令を行うことができ
　　　　る。

　　（イ）本件組合は、組合員について、債務者の指揮命令のほか
　　　　に債務者における職場秩序維持、施設管理、その他組合員の
　　　　就業に関し債務者が行う指示に従うよう適切な措置を講じな
　　　　ければならない。

　エ　債務者は、供給組合員に対し、別途合意するところにより、
　　　本件供給契約に基づき賃金を支払う（5条）。

　オ　本件供給契約の有効期限は、契約日から満1年とする。ただ
　　　し、期間満了1か月前までに債務者、本件組合のいずれからも、
　　　書面による契約満了の意思表示がされないときは、本件供給契
　　　約は引き続き1年更新されたものとし、その後も同様とする（9
　　　条）。

なお、平成30年5月11日東京地裁決定（**120**・国際自動車（再雇用更新拒絶第2・仮処分）事件）も同様の内容の事件で、労働契約法19条の適用を認め、雇止めを相当でないと判断しています。

　また、この裁判例の本訴である、平成31年2月13日東京高裁判決（**124**・国際自動車ほか（再雇用更新拒絶・本訴）事件・控訴審）及び原審（平成30年6月14日東京地裁判決・**121**）でも同様の判断がされています。

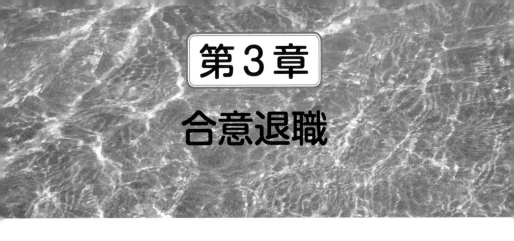

第３章

合意退職

　解雇は、使用者による一方的な労働契約の解約ですが、労働契約の解約は、使用者及び労働者が合意によって行うことが妨げられるものではありません。満了前の有期労働契約の場合においても同様です。

　しかし、解雇の効力が否定されると契約の終了が認められないことがある場合と同様に、退職の合意が認められない、あるいは、合意の効力が否定されることにより、同様の帰結となる場合があります。

　本章では、合意による退職の合意の効力ないし成立が争われた裁判例をもとに、合意を得る場合に存在する問題点を見ていきます。

① 辞 職

（1）辞職の意思表示 ～一方的な申入れ～

Q

「仕事をやめたいのですがやめさせてくれません」という労働者からの相談にはなんと答えたらよいでしょうか。

A

「退職します」と記載した書面を提出するように答えればよいです。

【問題の所在】

使用者による解雇は労働基準法20条や労働契約法16条等により、実体上も手続上も制限されています。

では、退職したい労働者からの一方的な解約は認められないのでしょうか。

【民法】

民法627条1項は「当事者が雇用の期間を定めなかったときは、各当事者は、いつでも解約の申入れをすることができる。この場合において、雇用は、解約の申入れの日から2週間を経過することによって終了する。」と規定しています。

そのため、労働者は、労働契約について解約の申入れをすることにより、その日から2週間を経過することにより退職することができます。

裁判例：退職届を辞職の意思表示と解したもの

　平成28年12月9日大阪地裁判決（**91**・医療法人貴医会事件）は、労働者が、平成26年10月27日に退職の意思表示を行ったところ、辞職の意思表示と判断したものです。

　裁判所は「原告（注：労働者）が、①本件退職届を提出した日（注：平成26年10月27日）の翌々日（平成26年10月29日）の午後以降、労務を提供しなかったこと、②同年11月8日、被告（注：使用者）代表者及びJ院長に対し、退職の挨拶を内容とする本件各葉書を送付したこと、③同月14日、本件病院の総務課に健康保険証を返却したことによれば、原告は、本件退職届において確定的に退職する意思を表示していたといえるから、本件退職届は、合意解約の申込みではなく、一方的な解約の申入れ（辞職）であると解するのが相当である。」と判断しました。

　また「就業規則に合意解約の定めがあり、辞職の意思表示の定めがないからといって、直ちに合意解約の意思表示であると評価することはできない」とも述べています。

　そして、就業規則27条が、退職手続として1か月前までの退職願の提出を規定していたことから、民法627条2項と当該就業規則の規定により、遅くとも平成26年11月27日までに労働契約が終了したと判断しました。

〈補足説明〉

　この事件は、内部的な不正を行った労働者がその責任を追求されることから逃れるように退職届を提出したものです。

　労働者としては、不正が発覚し懲戒解雇となった場合、退職金が不支給となることから、そうなる前に自ら辞職したものと思われます。それに対して、使用者は、退職金を不支給とするために、辞職による退職の効力を争い、懲戒解雇を主張したものと思われます。

なお、本件では、労働者に懲戒事由が認められたことから、裁判所は、その退職金請求について、懲戒解雇としなくとも権利の濫用にあたるとして、その支給の全部又は一部を拒むことができると判断しています。

裁判例：契約期間3年、労基法137条で退職が認められたもの

　平成28年7月7日東京地裁判決（**79**・元アイドル（グループB）事件）は、使用者が、そのプロモートするアイドルグループのメンバーである労働者及び親権者に対し、出演予定であったイベントを欠演したことを理由に、損害賠償を請求したものです（一応、労働者性は認められています）。

　契約期間は平成25年9月1日から3年間とされていたところ、労働者から使用者に対し、平成27年5月24日、メールでアイドル活動をやめたい旨申し出たこと（本件申出）が認められています。

　これを前提に、裁判所は、「被告Y1（注：労働者）の本件契約に基づく原告（注：使用者）に対する地位は労働者ということになるから、本件契約が締結された平成25年9月1日から既に1年以上が経過してからされた本件申出は、被告Y1が原告を退職する旨の意思表示ということができるのであって、これにより本件契約は解除されたというべきである（労働基準法137条）。」と判断し、それにより労働契約が終了したため、欠演したイベントへの出演義務はなく、損害賠償請求は認められないと判断しました。

裁判例：辞職の意思表示として地位確認請求を認めなかったもの

　平成25年1月18日大阪地裁判決（**5**・北港観光バス（出勤停止処分等）事件）は、労働者が、退職届を提出して行った退職の意思表示について、意思表示を撤回した又は心裡留保により無効であると主張して、労働契約上の権利を有する地位の確認を求めたもので

す。しかし、裁判所は、労働者の退職届を辞職の意思表示と認め、労働者の請求を認めませんでした。

　裁判所は「平成23年3月21日、原告（注：労働者）が自らの意思で退職届を記載し、一方的に被告会社（注：使用者）に交付したことからすれば、原告の本件退職届の提出は、合意解約の申込みの意思表示ではなく、一方的解約としての辞職の意思表示であると認められる。」と判断し、退職日は有給休暇10日を取得した後の日としました。

　なお、退職届の提出からその後までの事実経過は次のとおりです。

① 　労働者は、平成23年3月21日、使用者の規定する退職届の書式を利用し退職届を作成し事務員に手渡した。

② 　使用者の労務担当取締役は、労働者に電話し、退職届の退職日及び提出日を記載するために出社するように伝えたところ、労働者は、有給休暇を消化した後を退職日としてほしい旨を述べた。

③ 　労働者は、平成23年3月22日、②の電話に応じて同日出社予定であったが、それが行けなくなったため、電話で使用者（営業所長）に対し、退職日は有給休暇を消化した日にしてほしい旨を伝えた。

④ 　労働者の代理人弁護士から、平成23年3月23日付で、使用者に対し、退職届の撤回を確認する旨が通知された。

⑤ 　使用者は、労働者の退職日を平成23年3月21日として処理した。

裁判例：健康保険証の返還等を退職の意思表示とは
　　　　　認めなかったもの

平成25年2月22日東京地裁判決（**6**・エヌエスイー事件）は、

有期労働契約の期間途中で解雇された労働者が、解雇の効力を争ったものです。

　使用者は、労働者に対して行った解雇予告通知について、労働者が退職日とされた日に、担当者に対して健康保険証等の授受等の退職の手続を行ったことなどを主張し、解雇ではなく自主退職と主張しました。

　裁判所は「使用者から解雇予告通知を受けた労働者が、同通知に雇用契約終了日と記載された日に退職に伴う手続をとったことをもって、直ちに労働者から使用者に対して本件雇用契約の合意解約の申込や辞職の意思表示がされたとは認められず、かえって、…原告（注：労働者）が退職届の提出を拒否したことからすれば、原告には任意退職の意思がなかったものと認めるのが相当である。」と判断しました。

　この裁判例では、労働者が退職届の提出を求められながら、これを拒否したことがあり、裁判所は、退職の合意がなかったことの最も強い理由としています。

　また、使用者の解雇通知を端緒として健康保険証の返却等退職の手続が行われた場合と、労働者自ら退職願を提出し同様の手続が行われた場合では、「退職の手続が行われた事実」の意味が異なるのも当然といえます。

（2）合意退職の申込みと辞職の違い
　　〜辞職の意思表示の撤回？〜

Q

辞職の意思表示のつもりで退職願を提出したのですが、撤回してもよいでしょうか。

A

撤回できません。

【問題の所在】

　労働者が、一旦は辞職の意思表示をしたとしても、なんらかの事情で退職せずにそのまま勤務を継続したいと翻意する可能性があります。

　このような申入れは可能なのでしょうか。辞職の意思表示を撤回できるかが問題となります。

裁判例：辞職の意思表示について 心裡留保の主張を認めなかったもの

　平成25年1月18日大阪地裁判決（**5**・北港観光バス（出勤停止処分等）事件）は、労働者が、退職届を提出して行った退職の意思表示について、心裡留保により無効であるなどと主張して、労働契約上の権利を有する地位の確認を求めたものです。裁判所は、これを辞職の意思表示として心裡留保を認めず、労働者の請求を認めませんでした。

　まず、裁判所は、一方的に退職届を提出したことを労働者が心裡留保と主張したことについて「被告会社（注：使用者）に対して退職日について有給休暇を取得した後の日にして欲しい旨の明確な希望を述べ得るなどのやりとりを自らしていることからすれば…、真意に基づき行われたと認められ、その他同認定を覆すに足りる証拠はない。」として、心理留保の主張を認めませんでした。

　この裁判例では、労働者は、合意解約の申込みだとも主張しましたが、その点について裁判所は、仮にそのように評価できるとしても「被告己下（注：使用者の労務担当の取締役）が平成23年3月22日に原告（注：労働者）に電話をし、原告が有給休暇を消化し

た後を退職日としてほしい旨の希望を述べ、原告がその旨退職届に記入するとの合意がなされた時点で、原告の退職日を有給休暇消化後の日とした合意解約の申込みに対して、被告会社が承諾をしたものと認めることができる。」「平成23年3月22日に被告会社から承諾の意思表示があったと認められるから、撤回はできない」と判断しました。

〈補足説明〉

　労働者は、使用者に対して合意退職の申込みをしても、使用者がそれを承諾するまでは撤回することができます。

　それに対して、辞職の意思表示は、一方的に行うものですので、労働契約終了の効果が生じるために、使用者の承諾を要しません。そのため、辞職の意思表示について、撤回という行為を観念することができません。

　このような理解から、この裁判例では、労働者は心裡留保（民法93条）の主張を行い、辞職の意思表示が無効であると主張したものでした。

② 合意退職

（1）解約の合意・解約の申込み
　　〜退職届の提出の要否〜

Q

退職届がなくとも、何らかの形で退職の申出があれば、退職として扱ってよいでしょうか。

A

退職と扱うことは可能ではありますが、できる限り、就業規則に規定する退職届の提出を求めるべきです。

【問題の所在】

　退職の際には、就業規則等で退職届の提出を義務付けている場合が多いかと思われますが、それがなくとも退職の意思表示があったと認められることがあるでしょうか。

裁判例：退職の意思表示と認められないと判断したもの

　平成26年11月12日東京地裁判決（**48**・東京エムケイ（損害賠償請求）事件）は、労働者が「私の進退については、社長にご一任申し上げます。」と記載された「本件始末書・進退伺い書」を作成し、使用者に提出したことが退職の意思表示といえるかどうかが争われたものです。裁判所は、これを否定しました。

　裁判所は「労働者がする雇用契約終了の申入れは、口頭でされる場合と書面でされる場合のいずれかにおいても、労働者が当該雇用

契約を終了させようとする意思が示されているかを慎重に検討する必要があるというべきである。」とした上で、「本件始末書・進退伺い書は『私の進退については、社長にご一任申し上げます。』との記載があるが、この記載をもって原告（注：労働者）が、労使協定に基づく不利益処分や就業規則に基づく懲戒処分を受けつつ本件雇用契約を継続することを一切希望せずに、被告（注：使用者）を退職して本件雇用契約を終了させようとする意思が明確に示されているとみることはできない。」「A元所長やC所長が、原告に対し被告を退職する意思を有しているか確認していないにも関わらず、本件始末書・進退伺い書の上記記載をもって、被告を退職する意思を有していると判断した根拠は必ずしも明確でなく、上記記載を被告に都合よく解したと見る余地が十分にある。」などと述べて、労働契約の解約申込みと評価することはできないと判断しました。

　また、使用者には就業規則23条において、従業員が自己都合で退職する時に退職願を提出することを求めるよう規定されていましたが、労働者は、退職願を提出していませんでした。

裁判例：退職届がないということの意味を述べたもの

　平成29年12月22日東京地裁判決（113・医療法人社団充友会事件）は、使用者が、女性労働者を産休後に退職扱いし、ライン（LINE株式会社の提供する無料メールアプリ）での会話を主たる理由に、退職の意思表示があったと主張したものですが、結論として、裁判所は退職の意思表示があったとは認めませんでした。

　裁判所は、使用者の就業規則に1月前までに退職願の提出を行わなければならない旨の規定があり、実際に、使用者が、労働者に対し退職願用紙を送付し退職願を得ようとしたことも踏まえ「我が国の雇用社会では、継続的な労働契約関係にあった労働者が自らの意思で退職しようとするときは、使用者に対し、書面にて辞表、退職

届又は退職願を提出することが通常であり、使用者の側も労働者の退職の意思を明確にさせ、退職手続を進める上でも便宜であるため、そのような書面の提出を促すことが多い。」「このような慣行等に照らしても、書面によらない退職の意思表示の認定には慎重を期する必要がある。むしろ、辞表、退職届、退職願又はこれに類する書面を提出されていない事実は、退職の意思表示を示す直接証拠が存在しないというだけではなく、具体的な事情によっては、退職の意思表示がなかったことを推測しうる事実というべきである。」と述べています。

【実務上のポイント】

　退職届の提出等、その際の手続を就業規則で規定した以上は、その規定に基づき、退職届の提出を受けておくべきです。

　労働者が、就業規則に規定する退職届の提出に応じない場合には、退職の意思があるのか、真意を確認すべきです。他方、退職届以外の資料により、それが明らかであるにもかかわらず、理由はともかく退職届の提出に応じない場合には、内部的には退職の手続を進め、そのことを通知しておくことが次善の対応ではないかと思われます。

(2) SNSでのメールアプリ 〜 (^　^)/ 〜

Q

従業員からSNSの会話アプリで退職する旨の連絡がありましたが、退職の意思表示と捉えてよろしいでしょうか。

A

慎重に判断する必要があります。

【問題の所在】

　我が国では、伝統的に署名と押印、特に印鑑による押印に対する信頼が大きく、書面で意思表示を行うことが通常とされていました。

　では、それ以外の方法、例えばSNSのメール等で退職する旨の意思が表示された場合、どのように判断されるのでしょうか。

裁判例：LINEでの会話について退職の意思表示でないと判断したもの

　平成29年12月22日東京地裁判決（**113**・医療法人社団充友会事件）は、使用者が、女性労働者を産休後に退職扱いし、ライン（LINE株式会社の提供する無料メールアプリ）での会話を理由の一つとして、退職の意思表示があったと主張したものです。

　裁判所は、ラインで交わされたメールの内容及びそれ以外の使用者の主張も踏まえ、退職届がないことなどを理由に退職の意思表示があったとは認めませんでしたが、一般論として、「ラインでの会話は、内容そのものは記録され明確ではあるが、簡略化した短文のみで会話されることが多く、打ち間違いによる誤字・脱字も発生しやすいから、やはりその意味や趣旨が曖昧になりがちである。また、口頭や電話での会話の延長として利用されることが多く、社会生活上重要な意思表示や意思確認の手段に用いられることは少ないから、ラインの会話をもって、退職の意思を確定的に表明する意思表示があったと認めることには慎重を期する必要があると考えられる。」とも述べ、使用者の主張を認めませんでした。

　なお、メールのやり取りは、

使用者：「復帰の時期は出産一年後、場所はＦ近辺のままで変わってないですか？」「書類送り先の住所も教えて下さい。」

労働者：「はい、一年後復帰でＦ市のままです（＾＾）」「〒…千

葉県Ｆ市…」

といったものでした。使用者は、退職願の用紙をメールに記載の住所に送付していますが、客観的に見ても、このやり取りだけで退職の意思があったとは認められないとの判断も当然と思われます。

（3）退職届以外の書面
～雇用関係を終了させる意思まで認められるか～

Q

「今般貴社を退社します」と記載のある書面に署名をもらいましたが、裁判になっても、退職の合意があったと認めてもらえますか。

A

そのような趣旨で作成されたものであれば、一般的には認めてもらえると思われますが、単に、その言葉尻だけをとって退職の合意があったとは認められない場合があります。

【問題の所在】

退職の際には、就業規則等で退職届の提出を義務付けている場合が多いかと思われますが、「退職します」との記載があれば、必ず、退職の合意（ないし意思表示）があったと認められるといえるでしょうか。

裁判例：秘密保持の誓約書であり
退職の意思表示と認めなかった例

平成29年3月28日東京地裁判決（**100**・エイボン・プロダクツ事件）は、労働者が、使用者を退職したものと扱われた上で、会社法の会社分割により使用者である会社から分割した工場に労働契約が承継されました。その労働者から、使用者に対して地位確認請求が

なされ、裁判所がこれを認めたものです。

　使用者は、労働者を分割した工場で雇用するにあたり、労働者から「今般私は、2012年7月1日付をもって、貴社を退職することになりましたが、業務上知り得た会社、関係会社、顧客または、他の社員に関する秘密事項、在職中知り得た機密事項及び貴社の不利益となる事項の保全に留意するとともに、退社後もこれを他に漏らさない事を確約いたします。」と印字され署名押印のある誓約書の提出を受けました。

　そのため、使用者は、これが退職の意思表示にあたると主張して労働者の請求を争ったところ、裁判所は「上記誓約書の記載を全体としてみれば、これは、退職の意思表示というよりも、秘密保持を誓約する内容のものであることは明らかである。また、そもそも原被告間の労働契約は、…承継する取扱いとされていたのであるから、そのような状況下において、被告（注：使用者）を『退職』するという言い回しが例えば上記誓約書等で用いられたことがあったとしても、それが『退社』という事実上の意味を超えて原被告間の労働契約を将来に向けて合意解約するというような法的意味合いを持って用いられたものとはいえない」と判断しました。

〈補足説明〉

　この事件は、会社分割というやや複雑な法律関係におけるものですが、分割された会社に労働契約が承継される際、労働者に対する説明が不十分であったことや、その説明の際に労働組合からの脱退を促したことなどの事情も認められています。

　そして何より、平成24年7月に分社化され、平成26年1月には、使用者が一人株主として、分社化した工場の解散決議を行い、労働者との労働契約を終了させたという事情がありました。

　平成27年１月20日札幌地裁判決（**52・オクダソカベ事件**）は、労働者の退職の意思表示があることを前提に、それが無効と判断された場合に備え、使用者が予備的に解雇の意思表示をしたものでした。裁判所は、退職の意思表示があったとは認めず、予備的な解雇も無効と判断しました。

　その前提として、労働者の所属していた営業所には、労働者を含め２名の従業員がおり、その規模縮小が検討されていたところ、他方の従業員の作成した、規模縮小に関する提案書の内容が、労働者の退職を前提としたものとなっていました。

　そのため、使用者は、これにより労働者が退職する旨の意思表示をしたと主張しましたが、同提案書には、労働者が退職することだけでなく、その条件として、次の２点の記載がありました。

・退職後すぐに失業保険が支給されるよう退職理由は「事業所縮小による会社都合による退職」にすること。
・早期退職として、退職金に月給３か月分程度を上乗せすること。

　これらを前提に、裁判所は「本件提案書は、…Ａ営業所の今後の方針を検討するようにとのＢ所長からの指示を受けた中で作成されたＡ営業所の運営に関する提案書であるところ、かかる本件提案書の作成目的やその体裁に加えて、①…原告（注：労働者）の残留を前提とした提案も記載されていたこと、②…会社都合退職とした上で退職金も月給３か月分を上乗せにしてほしいという原告の要望も記載されており、退職について無条件の意向が示されているとはいえないこと、③…本提案書の作成後に、原告が退職を前提にした行動（注：退職条件等の問合わせ）をとっていないこと、④証人Ｃ（注：提案書を作成した従業員）…が、本提案書の作成時に原告が退職す

る決意を有していたのか否かと問われて、明確に回答していないこと…といった事情を踏まえると、C（注：他方の従業員）作成の本件提案書の了承をもって、原告が、退職という生活に重大な影響を及ぼす事項にかかる意思表示を行なったと認めることは困難である」と判断しました。

（4）黙示の意思表示
〜言語以外の挙動等による退職の意思表示〜

> **Q**
>
> 口頭ないし書面で「退職」との言葉がない場合でも、退職の意思表示があったと認められる場合はありますか。

> **A**
>
> ないとはいえませんが、慎重に判断すべきです。

【問題の所在】

労働者が、出勤を命じられながら出勤を拒否する場合など、一見して、就労する意思がないと見受けられる行動をとることがあります。そのような行動を理由に、退職の意思表示があったとして扱ってよいでしょうか。

> **裁判例**：退職の意思表示の判断に
> 慎重を期する必要があると述べたもの

平成29年12月22日東京地裁判決（**113**・医療法人社団充友会事件）は、使用者が、ライン（LINE株式会社の提供する無料メールアプリ）での会話を理由の一つとして、退職の意思表示があったと主張したものですが、裁判所は、退職の意思表示について、次のように述べています。

「退職の意思表示は、退職（労働契約関係の解消）という法律効

果を目指す効果意思たる退職の意思を確定的に表明するものと認められるものであることを要し、将来の不確定な見込みの言及では足りない。退職の意思表示は、労働者にとって生活の原資となる賃金の源たる職を失うという重大な効果をもたらす重要な意思表示であり、取り分け口頭又はこれに準じる挙動による場合は、その性質上、その存在や内容、意味、趣旨が多義的な曖昧なものになりがちであるから、退職の意思を確定的に表明する意思表示があったと認めることには慎重を期する必要がある。」と述べています。

裁判例：出勤拒否の態度等があっても合意退職を否定したもの

　平成29年1月11日名古屋高裁決定（**92**・ゴールドレチル（抗告）事件・抗告審）は、原審決定による退職の合意があったとの判断を覆し、労働者の保全の申立てを認めたものです。

　労働者は、平成27年5月28日、ダンプカーから転落して受傷した旨を訴え通院していたところ、同年6月6日、使用者は、労働者が専用していたダンプカーを労働者の自宅近くの駐車場から引き上げました。

　裁判所は、その後の当事者間のやりとりも踏まえ、「抗告人（注：労働者）は、平成27年5月28日、乙山（注：使用者の代表者）に対し、負傷のため翌日は出勤しない旨述べ、乙山から、負傷の状況確認等のため出社するよう求められたのに対し、これを拒否し、数日後には、乙山からの電話に応じなくなったことが一応認められるが、これらの経緯をもって、本件合意退職等があったものと評価することはおよそ困難といわざるを得ない。」としました。

　さらに、裁判所は「抗告人は、乙山に対し、『やはり首ですよね？はっきりしないと仕事を探すにも探せません』『首ですね？』『乙山さんの会社を辞めないと行けませんけど』と述べ、乙山は『仕事さがしてみてはいかがですか』『雇用保険受付してもいいですよ』と

応じ、抗告人が、雇用保険受付について『お願いします』と返信したこと、乙山は、抗告人の求めに応じ、平成27年6月19日、抗告人の雇用保険被保険者離職票を作成し、抗告人に交付したことが一応認められる。しかし、これらやりとりは、…雇用関係が既に終了しているかのような乙山の対応を前提とするものであって、かつ、（注：労働者が）負傷により通院中であり、当面の生活費にも困っている中で金銭給付を受けるためになされたものである。そのような事情を踏まえると、上記やりとりをもって抗告人が退職を受け入れ本件合意退職等をしたものと一応認めるには足りないというべきであり、その他これを認めるに足りる疎明資料はない。」と判断し、退職の合意があったとは認めませんでした。

〈補足説明〉

　この事件では、労働者の負傷について、使用者が現認していないことなどから、労災の事業主証明を行わなかったという事情がありました。そのようなことに加え、さらには実際に仮処分まで申し立てられたことも踏まえ、出社拒否等により退職の意思があったとは認めなかったものと思われます。

裁判例：健康保険の任意継続手続をしたことが理由にならないとしたもの

　平成27年1月20日札幌地裁判決（52・オクダソカベ事件）は、労働者の退職の意思表示の有無が争われ、予備的に解雇の意思表示も行われました。

　使用者は、労働者が健康保険について任意継続の手続をしたことを退職の意思表示があったことの理由の一つとしてあげましたが、裁判所は、労働者が、解雇の効力について係争中であった際の行動という点を踏まえ「事業主が被保険者資格喪失届を提出して保険者

がこれを受理すると、被用者は資格を喪失したものとして扱われるとされており、原告（注：労働者）として、健康保険を任意継続するか、国民健康保険に加入するかの選択肢しか有していなかった中で、任意継続の手続を行なったものと認められる」として、それをもって退職を前提とした行動ということはできないと述べています。

裁判例：労働者の一貫した態度等を理由に解雇と認められたもの

　平成26年1月17日東京地裁判決（23・ベストFAM事件）は、雇入れ後、1か月半余りで退職した労働者の退職理由が、解雇によるものか自主退職によるものかが争われたものです。

　裁判所は、この点について解雇によるものであると認め、さらに、解雇は無効であると判断しました。

　裁判所がそのように判断した理由は、労働者について①退職扱いとなった以降、雇用保険被保険者資格喪失届の離職理由を「事業主の都合による離職以外の離職」から「事業主の都合による離職」に訂正を求め、②労働局のあっせん手続において解雇されたと一貫して主張していること、③使用者から退職を迫られるなど、直ちに自主退職しなければならない事情がなかったこと、④年齢（当時58歳）からすれば、再雇用が容易であるとは考えにくい状況で入社後1か月半余りで自ら退職する理由が見出し難いことなどでした。

　他方、使用者は、労働者に対して反社会的勢力の団体との関係を確認したところ「もういいです。」といって自ら退職したと主張しましたが、労働者と反社会的勢力との関係を裏付ける証拠がなく、また、そのことを理由に退職を迫ったという状況もなかったとして、使用者の主張を認めませんでした。

（5）自由な意思に基づく合意
～妊娠中の女性労働者との退職合意～

Q

妊娠中の女性労働者について、体調を理由に退職することとなりましたが、注意することはありますか。

A

自由な意思に基づき退職の合意があるといえなければ、合意があったとはいえないという点に注意すべきです。

【問題の所在】

　均等法9条4項が、妊娠中の女性労働者に対する解雇を原則として無効とし、妊娠等を理由としたものでないことの証明責任を使用者に負わせています。

　では、退職の合意についても、妊娠中の女性労働者の場合には、一般的な証明責任以上に、使用者に何らかの負担が課せられるのでしょうか。

裁判例：退職の意思表示の認定は慎重に行うべきとしたもの

　平成29年12月22日東京地裁判決（**113・**医療法人社団充友会事件）も、使用者が、産前休業まえに労働者から送られてきたラインによる会話について、退職の意思表示があったと主張したことに対して、それを認めなかったものです。

　裁判所は、均等法等が、妊娠等を理由とする解雇その他不利益な取扱いを禁じていることに触れ「この『不利益な取り扱い』には退職の強要が含まれ、労働者の表面上の同意があっても真意に基づかない勧奨退職はこの退職強要に該当するから、退職の意思表示があったこと、その意思表示が労働者の真意（自由な意思）に基づく

ことの認定は慎重に行うべきである」と述べています。

裁判例：自由な意思に基づく合意がないと判断したもの

　平成29年1月31日東京地裁立川支部判決（**94**・TRUST事件）
では、使用者が、平成27年1月頃、労働者から妊娠したことで相
談を受け、現場業務の継続が難しいとの話になり、派遣会社への登
録を提案したところ、労働者がそれに登録したため、それにより退
職の合意があったものと認識したものでした。

　しかし、労働者は、平成27年6月10日に、使用者から退職扱い
となっている旨の説明を受けて初めて離職票の提供を請求した上
で、自主退職ではないとの認識を示しています。

　また、それまでに、退職届の受理、退職証明書の発行、離職票の
提供等の、客観的、具体的な退職手続がなされていないことなどか
ら退職の合意があったとは認めませんでした。

　裁判所は「被告（注：使用者）は、妊娠が判明した原告（注：労
働者）との間に退職合意があったと主張するが、退職は、一般的に、
労働者に不利な影響をもたらすところ、雇用機会均等法1条、2条、
9条3項の趣旨に照らすと、女性労働者につき、妊娠中の退職の合
意があったか否かについては、特に当該労働者につき自由な意思に
基づいてこれを合意したものと認めるに足りる合理的な理由が客観
的に存在するか慎重に判断する必要がある。」としています。

　その上で、自由な意思に基づく合意があったと評価されるかどう
かという点について、裁判所は「被告（注：使用者）の主張を前提
としても、退職合意があったとされる時に、被告は、原告（注：労
働者）の産後についてなんら言及をしていないことも併せ考慮する
と、原告は、産後の復帰可能性のない退職であると実質的に理解す
る契機がなかったと考えられ、また、被告に紹介された株式会社A
において、派遣先やその具体的労働条件について決まる前から、原

告の退職合意があったとされていることから、原告には、被告に残るか、退職の上、派遣登録するかを検討するための情報がなかったという点においても、自由な意思に基づく選択があったとは言い難い。」として、自由な意思による退職の合意がなかったものと判断しました。

〈補足説明〉

　これらの裁判例は、退職の合意についてのものではありませんが、妊娠中の女性労働者に対する降格処分について、次のように述べた平成26年10月23日最高裁判決（広島中央保健生協（C生協病院）事件）を参考にしたものと思われます。

　「一般に降格は労働者に不利な影響をもたらす処遇であるところ、上記のような均等法1条及び2条の規定する同法の目的及び基本的理念やこれらに基づいて同法9条3項の規制が設けられた趣旨及び目的に照らせば、女性労働者につき妊娠中の軽易業務への転換を契機として降格させる事業主の措置は、原則として同項の禁止する取扱いに当たるものと解されるが、当該労働者が軽易業務への転換及び上記措置により受ける有利な影響並びに上記措置により受ける不利な影響の内容や程度、上記措置に係る事業主による説明の内容その他の経緯や当該労働者の意向等に照らして、当該労働者につき自由な意思に基づいて降格を承諾したものと認めるに足りる合理的な理由が客観的に存在するとき…は、同項の禁止する取扱いに当たらないものと解するのが相当である。」

　また、この最高裁の差戻審では、自由な意思に基づいて降格を承諾したとは認めず、さらに、損害として慰謝料100万円の賠償を命じています。

裁判例：均等法違反を認めず解約合意を有効と判断したもの

　平成30年9月11日東京地裁判決（**122**・ジャパンビジネスラボ事件）は、労働者に対する雇止めを相当でないと判断したものですが、期間の定めのない労働契約（正社員）を解約し、有期労働契約（契約社員）となる旨の合意を有効としたものです。

　正社員と契約社員の労働条件は、期間の定め以外に、次のとおり異なっていました。

（正社員）　　1週5日・1日7時間勤務
（契約社員）　1週3日・1日4時間勤務

　事件の概要としては、労働者が子を出産し、その後、育児休業を開始しましたが、育児休業が終了する時点で子を入れる保育園が決まっていませんでした。そのため、使用者は、復職時の就業形態を相談する席で、契約社員の労働条件を提示するとともに「契約社員は、本人が希望する場合は正社員への契約再変更が前提です」「時短勤務または契約社員が正社員（フルタイム）に復帰する時は、正社員時に期待されていた役割に戻すことを前提とします」との記載がされた説明書面を提示してその旨の説明を行いました。

　その結果、労働者は、契約社員での復職を申し入れ、平成26年9月1日、使用者代表者及び社会保険労務士の同席のもと、雇用契約書を作成しました。

　労働者は、1年後に雇止めとされたことから復職時に契約社員となる旨の合意が均等法9条3項及び育介法10条に違反して無効だと主張しました。

　裁判所は「本件合意により本件正社員契約を解約して本件正社員契約（ママ）を締結したことは、原告（注：労働者）にとって、労働契約上の地位を維持するために必要であり、本件合意がなければ、これを維持することは不可能又は相当困難であった。すなわち、原

告にとって、本件合意により得る法的な地位は、これをせずに育児休業終了を迎えた場合に置かれる地位と比較して有利なものであり、本件合意は、その当時の原告の状況に照らせば、必ずしも直ちに原告に不利益な合意とまではいえず、そうであるからこそ、原告は子を入れる保育園が決まらないという事情を考慮し、被告（注：使用者）代表者から本件契約社員契約の内容につき説明を受け理解した上で、本件合意をしたものと認められる。したがって、これが原告の真意によらない被告の強要によるものとは認められず、本件合意は、原告に対する均等法9条3項及び育介法10条にいう不利益な取扱いに当たらない。」として同条項違反等により無効とはならないと判断しました。

　ここで裁判所は、労働者が正社員のまま育児休業を終了し復職した場合、欠勤を繰り返して自己都合による退職を余儀なくされるか、就業規則の定めにより、自然退職となり、あるいは、勤務成績不良として解雇されるか、出席常ならず改善の見込みがないものとして懲戒解雇されるなどの不利益な処分を受けざるを得ない地位にあったとして、その場合と比較して有利な地位となったことを理由として述べています。

　なお、上記の解約についての判断は、控訴審である令和元年11月28日東京高裁判決でも維持されています。

(6) 意思表示の錯誤
〜勘違いして「やめます」と言った場合〜

Q

退職について合意があれば、それが覆されることはありませんか。

A

退職を合意するにあたり錯誤があったと認められれば、退職の意思表示を取り消すことができます。

【問題の所在】

退職の意思表示について、それが辞職と判断される場合、これを撤回することはできません。他方、合意による退職の申込みは使用者が承諾するまでは撤回が可能ですが、承諾後は撤回することができなくなります。

もっとも、辞職の意思表示が心裡留保（民法93条）で無効となる場合があるように、退職の合意について無効となる場合はないのでしょうか。

裁判例：復職が不可能と誤信してなされた退職の意思表示を錯誤により無効としたもの

平成27年7月15日東京地裁判決（**61**・ピジョン事件）は、労働者の行った退職の意思表示について、動機の錯誤によって無効であると判断しました。

事件の概要としては、労働者が、①流通加工センターへの配置転換命令の内示を受け、②その後体調不慮を理由に欠勤し休職となりましたが、③裁判所が①の配転命令を無効と判断したというものです。

労働者は、配転命令の担当者とのやり取りの中で、流通加工センターでの勤務を可能とする旨の診断書がなければ復職ができないとの認識を有するようになりました（動機）。

労働者は、その旨の診断書が得られない状況にあったことから、これを動機として、退職の意思表示を行いました（動機に基づく意思表示）。

しかし、裁判所により配転命令が無効と判断されましたので、流通加工センターでの勤務を可能とする診断書がなくても復職できるものとなり、動機に錯誤があったと認められたというものです（動機の錯誤）。

裁判所は「この点（注：流通加工センターにおける就労が可能となった旨の診断書が提出できなければ復職ができないこと）は原告（注：労働者）が被告（注：使用者）を退職することとした重要な動機の１つである。すなわち…本件配転命令は無効であって、原告は流通加工センターで就労すべき義務を負うものではないから、本来、流通加工センターで勤務できる程度にまで原告の病状が回復したことは原告の復職の可否を判断するに当たり必要なものであったとはいえない。」「少なくとも、原告が本件退職の意思表示をした平成23年８月当時、原告は、本件配転命令を受けた当時に就業していた被告の東京支店等で就労することは可能であったものと解され」「本件退職願いを被告に送付した当日も、Ｆ（注：使用者の担当者）から、上記の趣旨の診断書が提出されない限り、原告の復職は認められず…と言われたため、その旨誤信して本件退職願を提出して本件退職の意思表示をしたものであるから、上記錯誤が存するものと認められる。」「原告は、…Ｆとの電話の中で、上記のとおりの回答を受け、そうであれば被告を退職する旨伝えたのであるから、…流通加工センターで勤務できる程度にまで病状が回復した診断書を提出しなければ復職が認められず、これを提出することができないことが被告を退職する動機である旨表示したものと言えるから、本件退職の意思表示は上記錯誤により無効というべきである。」と判断しました。

裁判例：再雇用の保障があると誤信してなされた
　　　　　退職の意思表示を錯誤により無効と判断したもの

　平成28年２月12日京都地裁判決（71・石長事件）は、労働者による退職の意思表示について、動機の錯誤により無効と判断したものです。

　労働者は、通勤災害により休職したところ、休職期間の満了する

頃、使用者の担当部長から、その延長が難しいこと及び一旦退職して治療に専念し完治したのち再雇用することを保障するとの説明を受けました。そのため、労働者が退職の意思表示を行ったものでした。

これを前提として、裁判所は、動機について「原告（注：労働者）が、このようなE部長からの被告（注：使用者）の方針の説明に対して、同月24日の面談において、いったん退職することを了解する一方、再雇用についての書面を求めたことからすると、その時点での原告が休職期間の延長を求めることをやめて、自主的に退職することとしたのは、労働条件は同一ではないにしても再雇用が保障されたと考えたためであると認めるのが相当であり、その後に被告に再雇用拒否されるや、労働組合に加入して団体交渉に及んだことからすると、原告は、再雇用の保障がされなければ、退職届を提出せず、労働組合に加入するなどして交渉を続けたであろうと考えられる。」としています。

動機の錯誤については「ところが、E部長は、…再雇用については自分なりに努力すると述べたが、会社の判断はその時点でどうするかが決まると述べたと述べており、このことからすると、被告としては再雇用を保障するとの意思を当時から有していなかったと認められる。」としました。

その結果「そうすると、原告の退職の意思表示は動機の錯誤（注：再雇用の保障がないのにあると認識したこと）に基づくものであるということができ、また、E部長が原告に対して再雇用を保障すると述べ、原告がその旨の書面の作成を求めたことからすると、動機も表示されていたといえるから、原告の退職の意思表示は無効である。」と判断しました。

改正前の民法95条では、条文上、意思表示の錯誤を前提とした規定となっていましたが、最高裁判例により、意思表示が動機の錯誤によってなされた場合であっても、その動機が表示され要素の錯誤といえる場合には、意思表示が無効となるものとされていました。

令和2年4月施行の改正後の民法では、動機の錯誤の場合でも意思表示が無効となることが条文上明記されました。また、改正後の民法では、意思表示が当然に無効となるものではなく、取消しができるものと規定されました。

(7) 契約期間変更の合意 ～変更後の雇止めは可能か？～

Q

契約期間の途中に、契約期間を合意により変更することはできますか。

A

可能ですが、合意後に雇止めを行うような場合には、雇止めだけでなく、合意の効力を争われる可能性もあります。

【問題の所在】

退職について合意することが可能であるように、契約期間について変更する旨の合意があれば、その途中で変更することも可能です。

もっとも、契約期間を短くする場合には、継続した雇用関係の維持という点からは後退する可能性があります。まして、その後に雇止めを行えば、当初合意した期間よりも早期に労働契約が終了することにもなります。

裁判例：期間短縮合意が労働契約法17条の潜脱と主張されたもの

　平成26年7月10日横浜地裁判決（**36・資生堂ほか1社事件**）は、派遣労働契約により派遣されていた数名の労働者について、雇用期間を1年間から2か月に短縮する合意をしたのちに行われた雇止めについて、相当とは認めなかったものです（期間の途中で解雇が行われていますがこれも無効と判断されています）。

　裁判所は、結論として労働者の主張を認めませんでしたが、平成21年4月10日になされた雇用期間を短縮する合意について、錯誤、詐欺、労働契約法17条（期間途中の解雇制限）を潜脱したものと労働者が主張しました。

　変更合意の前後での雇用期間は次のようなものでした。

（変更前）平成21年1月1日から同年12月31日まで
（変更後）平成21年4月1日から同年5月31日まで

　裁判所は「被告アンフィニ（注：使用者）は、平成21年5月31日に雇止めをする可能性があることを考慮して契約期間短縮の提案をしたものであり、これによって合意前は12月31日より前の日を契約終了日とする更新拒絶の意思表示をすることができなかったものが、合意後はそれより前の5月31日を契約終了日とする更新拒絶の意思表示をすることが可能になり、契約期間も1年から2か月になったという点において、原告（注：労働者）らの地位が従前よりも不利になった面があることは否定することができない。」

　「しかしながら、契約期間が短縮されたというだけで、当然に短縮後の期間満了時に更新拒絶により雇止めの効力が認められることになるものではないから、上記合意自体はそれによって直ちに原告らに法律上の不利益を発生させるものではないことは明らかである。そして、その後、被告アンフィニが第1グループ原告らに対し

て期間満了前に解雇をしていること、第2グループ原告らに対して当初は雇用継続の提案をしていたことに照らすと、上記合意の時点において、被告アンフィニに労働契約法17条に定める契約期間途中の解雇制限を免れる意図があったとはいえず、原告らに対し雇止めをする確定的な意図を有していたともいえないというべきである。」として、更新されることが合意の前提であるとした事実も認められないとして、錯誤、詐欺、労働契約法17条違反及び公序良俗違反は否定しました。

〈補足説明〉

　上記のとおり、裁判所は、使用者が期間の短縮合意を行いながら、期間の途中で解雇に及んでいますが、もともと雇止めすることを予定して期間の短縮合意がされたことは否定したものです。

　この事件では、結果として雇止めを相当でないと判断していますので、この点の判断により労働者に不利益が及んだとはいえませんが、雇止め自体が、その理由等から相当と判断される場合には、異なる結論となったかもしれません。

　特に、あらかじめ雇止めをすることが予定されていたような事実が認められれば、詐欺、錯誤だけでなく労働契約法17条を理由に公序良俗違反の労働者の主張も理由があると判断されたかもしれません。

裁判例：退職金の支給を理由に退職し、その後、改めて有期雇用契約が締結されたと判断したもの

　平成25年6月21日大阪高裁判決（**9**・医療法人清恵会事件）は、期間の定めのない労働契約を締結していた労働者について、契約期間を1年間とする雇用契約を締結したのちに行われた雇止めについて、相当でないと判断したものです。

労働者は、雇止めの効力を争うにあたり、従前の期間の定めのない労働契約が継続していたと主張しました。

　裁判所は、使用者だけでなく労働者側の事情もあり契約の変更が行われたこと等を前提として「これらの事情に加え、…本件再雇用契約書上、契約期間は１年間であることが明記され、その他の雇用条件（給与、賞与の有無、退職金の有無等）についても従来雇用契約とは大きく変更されていること、…一審原告（注：労働者）が一審被告（注：使用者）から退職金を受け取っていること…などを併せ考慮すると、本件再雇用契約書が形式的なものにすぎず、従来雇用契約が継続しているとの一審原告の主張は採用できず、平成22年３月16日、一審原告と一審被告との間の従来雇用契約を終了させ、新たに、契約期間を１年間とする本件再雇用契約が締結されたとみるのが相当である。」と判断しました。

〈補足説明〉

　この事件では、使用者には人件費を削減したいという意向があり、労働者には、介護を理由に勤務日数を減らしたいという意向がありました。そのため、パートタイマーに契約を変更するために、退職の手続をとったものでした。

　裁判所は、退職金の支給を受けた事実は、退職であると強く推認すると述べていますので、仮に、退職金の受領の事実がなく、形式的に労働条件（勤務日数、賃金額、雇用期間）が変更されただけであれば、雇止めの効力を判断することなく、期間の定めのない労働契約が継続したと判断したものと思われます。

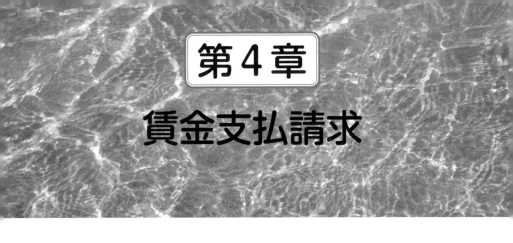

第4章

賃金支払請求

　解雇や雇止めの効力が否定されるなどして労働契約上の権利・法律関係が存在すると判断された場合、労働者が使用者に対して行使し得る権利の中核的なものは、賃金の支払いを受ける権利です。

　本章では、労働契約上の権利を有すると判断した裁判例をもとに、その場合の賃金支払請求について、どのような判断がされたのかを見ていくものです。

1 総論

（1）賃金支払請求の基本的事項
～将来給付の不適法却下～

Q

解雇が無効と認められた場合、賃金について、どのように支払いを命じられることとなりますか。

A

解雇してから判決確定日までの賃金の支払いを命じられます。

【問題の所在】

　金銭解雇ルールの制度化が話題となることがありますが、そもそも、解雇が無効となる場合にどの程度の賃金の支払いを受けることができるのでしょうか。

【裁判例（判決の主文）】

　平成25年9月11日東京地裁判決（13・ロイズ・ジャパン事件）は、労働者に対する人員整理を理由とする解雇（整理解雇）を無効としたものですが、言い渡された判決の主文は次のようなものでした（「原告」は労働者、「被告」は使用者です）。

(主文)

1　本件訴えのうち、本判決確定の日の翌日から毎月20日限り月額80万8000円及びこれらに対するそれぞれ支払期日の

翌日から支払済みまで年6分の割合による金員の支払請求に係る部分を却下する。

2　原告が、被告に対し、雇用契約上の権利を有する地位にあることを確認する。

3　被告は、原告に対し、平成24年5月から本判決確定の日まで、毎月20日限り月額80万8000円及びこれらに対するそれぞれ支払期日の翌日から支払済みまで年6分の割合による金員を支払え。

4　原告のその余の請求を棄却する。

5　訴訟費用は、これを5分し、その1を原告の負担とし、その余を被告の負担とする。

6　この判決は、第3項に限り、仮に執行することができる。

【将来の給付を求める訴え（主文第1項）】

　上記裁判例において、裁判所は「労働者が使用者に対し雇用契約上の権利を有する地位の確認と同時に、将来の賃金を請求する場合には、雇用契約上の権利を有する地位を確認する判決の確定後も被告が原告からの労務の提供の受領を拒否して、その賃金請求権の存在を争うことが予想されるなど特段の事情が認められない限り、賃金請求のうち判決確定後に係る部分については、『あらかじめその請求をする必要』（民訴法135条）がないと解すべきである。」と述べ、特段の事情を認めず、その結果、判決確定の日の翌日以降の賃金支払請求を、不適法との理由で却下したものです。

【定期賃金の支払い（主文第3項）】

　上記の主文第3項が、一般的な定期賃金の支払いを命じる場合の典型的な判決主文です。

　この事件では、労働者の解雇の際の賃金に関する労働条件は、次

のとおり争いがありませんでした。

（賃金）	月例本給	78万8000円
	月例残業手当	2万円
	支払日	当月分を毎月20日支払

　そのため、毎月20日を支払期限として、月額合計80万8000円の支払いを命じたのが主文第3項となります。

　なお、残業代の支払請求では、労働者の請求により付加金（労働基準法114条）の支払いを命じることができますが、定期賃金の場合はそれがありません。
　また、休業手当（労働基準法26条）の不払いも付加金の対象となりますが、一般的には、解雇の係争中の賃金については、定期賃金として民法536条2項を根拠として支払いを求めることがほとんどですから、付加金の対象とならないという理解だと思われます。

【実務上のポイント】

　使用者から「従業員に辞めてもらいたい」という相談を受けた場合、解雇の合理的な理由となりそうな理由がないときには、「裁判になれば1年分の給料の支払いを命じられるかもしれませんね」と説明をすると、感情的な使用者も、少し冷静になってくれることがよくあります。
　「1年」というのは、概ね1年ぐらいは裁判のための期間を要するという意味です。私見にしか過ぎませんが、労働審判や訴訟で和解をする際には、半年から1年分の給与相当額の解決金の支払いで決着することが多いような印象です。

（2）有期労働契約と支払命令の終期
　　～期間満了日まで？～

> **Q**
>
> 雇止めが相当でないと判断された場合、判決確定の日までではなく、更新された労働契約の期間満了日までの支払命令となりますか。

> **A**
>
> これまでは、判決確定日までの支払いを命じる裁判例がほとんどでしたが、令和元年11月7日最高裁判決が出たことにより、状況が異なってくるものと思われます。

【問題の所在】

　訴訟手続により、雇止めの効力が争われる場合、判決の言渡し日までに、更新された場合の労働契約の期間満了日が到来することもあるかと思います。

　この時、雇止めが相当でなく契約が更新されたものと判断された場合、期間満了日までの賃金を支払えばよいのでしょうか。

裁判例：雇止めの期間満了日を考慮しなかったもの

　平成25年7月30日札幌地裁判決（11・日本郵便（苫小牧市店・時給制契約社員B雇止め）事件）は、有期雇用契約による労働者に対する雇止めが認められなかったものです。

　裁判所は「被告（注：使用者）との労働契約は、平成23年9月30日で終了せず、それまでと同様の条件で更新され、現在まで6か月毎に更新が繰り返されている状態になる。したがって、…雇止め後の月額賃金、賞与（臨時手当）を請求することができる。」と述べ、判決確定日までの賃金支払請求（定期賃金と賞与）を認めま

した。

裁判例：委託期間の終了日までとしたもの

平成27年3月12日東京地裁判決（**54**・トミテック事件）は、雇止めを相当でないと判断したものです。

使用者は、金属加工業を営む株式会社ですが、平成22年4月1日から平成27年3月31日までと定めて、区立地域学習センター及び同図書館の管理者に指定されました。労働者は、図書館司書の資格を有していたところ、使用者と、平成22年4月1日、雇用期間を1年間(平成23年3月31日まで)とする労働契約を締結しました。

裁判所は、平成24年3月31日をもって行われた雇止めを無効と判断し、賃金支払請求については、「本判決確定の日まで（ただし、本判決が平成27年5月5日までに確定しないときは、同日まで）」と終期を付して認容しました。

なお、この事件では、賃金が、毎月15日締め、翌月5日振込みとなっていましたので、平成27年3月16日から同月末日までの賃金が、同年4月15日に締められて、同年5月5日に支払われることが予定されていましたので、このような主文となったものです。

裁判例：更新限度である4年間の範囲で支払いを命じたもの

平成30年3月13日名古屋地裁岡崎支部判決（**119**・学校法人名古屋カトリック学園事件）は、懲戒解雇を無効と判断したものです。

労働者と使用者との間で4年間を更新限度として、1年ごとに有期労働契約を締結更新してきたことは争いがなかったものの、労働者は、採用の経緯を踏まえ、65歳まで雇用される（自動更新される）と主張しました。

裁判所は、平成26年作成の合意書には更新限度が4年間と記載されていたことなどから、平成26年4月1日から平成30年3月31

日までの勤務を前提としていたものと認め「本件解雇の日である平成28年3月30日から平成30年3月31日までの賃金の支払を求めることができると認めるのが相当である。」として、最終の有期労働契約の終期を付して、賃金の支払いを命じました。

〈補足説明〉

　多くの裁判例は、平成25年7月30日札幌地裁判決（11・日本郵便（苫小牧市店・時給制契約社員B雇止め）事件）のように、有期労働契約の雇止めが否定された場合であっても、更新された労働契約の終期までではなく、その後も更新されることを前提に、本判決確定の日まで支払いを命じるものとなっています。

　平成27年3月12日東京地裁判決（54・トミテック事件）のように、事業の委託期間が明確に定められ、それ以降の契約更新が全く期待し得ないという事情でもない限りは、異なる扱いがされる裁判例はあまり見受けられませんでしたが、平成30年3月13日名古屋地裁岡崎支部判決（119・学校法人名古屋カトリック学園事件）については、労働者の年齢や更新限度が4年間であったことが特に考慮されたものと思われます。

　もっとも、次の令和元年11月7日最高裁判決が、契約期間の満了及びその後の契約更新について審理を尽くすべきと判断したことから、今後は、状況が異なってくるものと思われます（なお、同最高裁判決は、本書執筆時点で労働判例に掲載がなかったことから、掲載裁判例一覧表には含めていません）。

裁判例：更新について審理を尽くす必要があると判断したもの

　令和元年11月7日最高裁判決は、原審（平成30年1月25日福岡高裁判決）を破棄して、最後の更新後の労働契約が平成27年3月

31日に満了したことにより、同年4月1日以降の賃金支払請求の判断の前提となる労働契約が更新されたかどうか審理する必要があると判断したものです。

この事件では、労働者が、平成22年4月1日、契約期間を1年間として使用者に雇い入れられ、その後契約を4回更新して、最後の更新後の労働契約が平成26年4月1日から同27年3月31日までとされました。

しかし、使用者が、平成26年6月6日、労働者を契約期間途中に解雇したため、労働者が当該解雇の効力を争い、地位確認請求とともに賃金支払請求を申し立てたものでした。

原審（平成30年1月25日福岡高裁判決）は、賃金支払請求について、1審判決（平成29年4月27日福岡地裁小倉支部判決）が「本判決確定の日まで」毎月20日限りの定期賃金の支払いを命じた判断を維持しました。

しかし、最高裁判所は「最後の更新後の本件労働契約の契約期間は、被上告人（注：使用者）の主張する平成26年4月1日から同27年3月31日までであるところ、第1審口頭弁論終結時において、上記契約期間が満了していたことは明らかであるから、第1審は、被上告人の請求の当否を判断するに当たり、この事実をしんしゃくする必要があった。」「原審は、最後の更新後の本件労働契約の契約期間が満了した事実をしんしゃくせず、上記契約期間の満了により本件労働契約の終了の効果が発生するか否かを判断することなく、原審口頭弁論終結時における被上告人の労働契約上の地位の確認請求及び上記契約期間の満了後の賃金の支払請求を認容しており、上記の点について判断を遺脱したものである。」として、平成27年4月1日以降の賃金の支払請求を認めた部分を破棄して、福岡高等裁判所へ差し戻しました。

〈補足説明〉

　この最高裁判例は、契約が更新されたかどうかを判断しなかった原審の判断に違法があったと判断したものですが、その理由は、訴訟手続の中で、上記の労働契約が、当事者において期間の定めがあったことの主張がされており、その期間が満了したことが裁判所にとって明らかだったからです。

　そのため、この事件は、直接的には、期間途中の解雇の効力が争われた事件ですが、その判断は、期間満了による雇止めについても当てはまるものと思われます。

　したがって、有期労働契約における地位確認請求及び賃金支払請求事件では、使用者であれば、予備的な雇止めの意思表示をするなどした上で、更新される蓋然性がなく、そのようにすることが相当であることも主張しておくべきですし、労働者の立場では、更新されるべきであると主張しておくべきです。

(3) 定年と支払命令の終期
～定年退職後も支払うのか？～

Q

解雇の係争中に定年を迎えた場合、それでも「本判決確定の日」まで賃金の支払請求が認められますか。

A

定年が主張されて認められれば、それ以降の再雇用の蓋然性がなければ、定年までしか請求は認められません。

【問題の所在】

　使用者が、高年法9条で定年後の再雇用制度を設ける義務を負い、実際にそのような措置を講ずるケースがほとんどですが、賃金の支払請求も、定年退職に関係なく、「本判決確定の日」まで認められ

るのでしょうか。

裁判例：定年後の労働契約締結の蓋然性を否定したもの

　平成28年2月12日京都地裁判決（**71**・石長事件）は、休職期間満了による自然退職について、その要件を欠くこと等を理由に、就業規則に規定する定年の日の前日まで地位確認請求を認めたものです。

　労働者は、定年後の賃金の支払いも請求しましたが、裁判所は「原告（注：労働者）と被告（注：使用者）との労働契約が終了していないとしても、被告の就業規則上、原告は、定年によって退職することとなったと認められるから、定年時以降の…賃金支払請求が認められるためには、定年時以降も原告と被告との間で労働契約が維持ないし再締結された蓋然性が認められることが必要である。」としました。

　その上で、「原告と被告との間で定年時以降も労働契約が維持ないし再締結された蓋然性があると認めることはできず、定年時以降の…賃金支払請求は理由がない。」として、定年後の賃金支払請求は認めませんでした。

裁判例：有期労働契約に定年があった事例

　平成29年12月25日岐阜地裁多治見支部判決（**114**・エヌ・ティ・ティマーケティングアクト事件）は、労働者6名に対する各雇止めを相当でないと判断したものです。

　もっとも、うち2名の賃金支払請求について、判決確定日までの支払いではなく、それぞれの定年により退職となる日までの支払いを認めました。

　この事件は、業務の廃止に伴う組織の見直しの一環として雇止めが行われ、その際の雇止め回避努力が不十分であるなどの理由から、

雇止めが相当ではないと判断されたという事情があります。そのため、労働者から定年後の再雇用制度に関する主張も見られないことから、それ以降、契約が更新される又は定年後の再雇用が行われる蓋然性がないと判断したものと思われます。

（4）民法536条2項の適用範囲
～シフト等で勤務日数が異なる場合～

Q

シフトにより勤務日数と賃金額が決まる場合にも、民法536条2項の適用はありますか。

A

あります。

【問題の所在】

解雇等が無効となったことを前提に、労働者が反対給付として賃金の支払いを受けられるとしても、就労自体はしていないため、シフト等で勤務日が定まる場合の賃金額が定め難い場合があります。

そうであれば、民法536条2項は、所定労働時間が定まっている場合にしか適用がされないのでしょうか。

裁判例：同条の適用について述べたもの

平成29年11月28日横浜地裁判決（**112**・公益財団法人東京横浜独逸学園事件）は、雇止めを相当ではないと判断したものです。

労働者の賃金は、授業を受け持ったコマ数により決まるもので、使用者によってそれが決定されるものでした。

そのため、使用者は、所定労働時間が決まっていないから、民法536条2項の適用はないと主張しましたが、裁判所は「被告の上記主張が、同条項の適用要件として所定労働時間が決まっていること

を要件とするという趣旨であるとすれば、同項にはそのような限定を付す根拠となるような文言は存在しない上、同項が、本来は債務の履行ができず、反対給付を受けられないところ、債権者の責めに帰すべき事由がある場合に例外的にその反対給付を受けることができることとした趣旨からいって、同項の適用が必ずしも所定労働時間が定まっている場合に限定されるものではないことは明らかであるから、被告の当該主張はやはり採用することができない。」と述べました。

（5）民訴法260条2項 ～支払った賃金を取り戻すには～

Q

地裁で敗訴し、高裁で逆転して解雇が有効となったときは、地裁の判決に基づき差し押さえられた賃金相当額を取り戻すことはできますか。

A

民事訴訟法260条2項により、申立てを行えば、高裁の判決で支払いを命じることができます。

【問題の所在】

　解雇が無効と判断された場合、1審（地裁）の判決に仮執行宣言が付いていれば差押えを受ける場合もあります。

　その際、労働者が賃金相当額の支払いを受けながら、控訴審（高裁）で解雇が有効と判断された場合、差し押さえられた賃金相当額を取り戻すことはできないのでしょうか。

裁判例：民事訴訟法260条2項の申立てにより
　　　　　労働者に支払いを命じたもの

平成28年11月30日東京高裁判決（89・ケー・アイ・エスほか事

件（控訴審））は、原審（平成28年6月15日東京地裁判決・78）の判断を覆し、休職期間満了による退職を有効としたものです。

労働者は、原審判決により使用者の債権を差し押さえたところ、使用者が強制執行停止の申立てを行い、その旨の決定がなされたものでした。

そのため、労働者は賃金の支払いを受けられたものではありませんでしたが、使用者は、上記申立てに要した費用等を損害として労働者に対して支払いを求めたところ、裁判所は「第1審被告（注：使用者）会社が強制執行停止決定を得るためにその申立てを弁護士に委任したことにより生じた弁護士費用（11万1007円）は仮執行と相当因果関係にある財産上の損害に当たるというべきである。」「これに対し、…第1審被告会社の役員等が上記債権差押命令や上記強制執行停止の申立ての検討、対応のために実際に要した人件費（38万0156円）のうち合計10万円の限度で仮執行と相当因果関係にある財産上の損害に当たるというべきである。」として、判決により、労働者に対し、合計21万1007円の支払いを命じました。

〈補足説明〉

民事訴訟法260条2項は「仮執行の宣言に基づき被告が給付したものの返還及び仮執行により又はこれを免れるために被告が受けた損害の賠償の賠償」を命じる規定ですので、仮執行の宣言による強制執行を前提としているため、任意に支払った場合には、これに該当しないこととなります。

この事件では、執行停止が認められ、差押えされた債権から労働者に対する賃金の支払いがありませんでしたので、損害の賠償だけが問題となったものでした。

② 危険負担の要件

（1）「責めに帰すべき事由」
　〜権利を濫用したことの責任〜

> **Q**
> 解雇しただけで、それでも「責めに帰すべき事由」があることに
> なりますか。

> **A**
> 権利を濫用したと判断された以上は、就労し得なかったことにつ
> いて「責めに帰すべき事由」があると判断されてしまいます。

【問題の所在】

　解雇が有効となるか無効となるか判断がつき難い場合であって
も、無効と判断されてしまえば、結果として民法536条2項の「責
めに帰すべき事由」があったと判断されるのでしょうか。

裁判例：一定の解雇理由（能力不足）を認めながら肯定したもの

　平成25年7月23日東京地裁判決（10・ファニメディック事件）は、
試用期間中の獣医に対する解雇が無効と判断されたものです。

　裁判所は、労働者の期待された能力について「被告（注：使用者）
からみて非常に不満足な状況にあったこと等の事情はうかがわれ
る。」としていますが、解雇したことについて「被告の帰責性を否
定すべきほどの事情が客観的にあったとは認めることができない。」
と述べて、「責めに帰すべき事由」があると判断しました。

　平成27年7月15日東京地裁判決（**61**・ピジョン事件）は、休職中の労働者が退職の意思表示をしたものの、それについては動機の錯誤があり、無効と判断されたものです。

　裁判所は、労働者が自ら退職したのであるから、使用者の「責めに帰すべき事由」により労働者が就労不能となったわけではないとの主張に対し、「本件退職の意思表示がされるに至った理由は、被告（注：使用者）が、原告（注：労働者）において流通加工センターで就労できる程度にまで病状が回復した旨の診断書を提出しない限り復職を認めないとの方針を堅持し、これを原告にも明らかにしたためであって、原告が前記錯誤に陥ったのには被告による一定の関与があったためである。そして、被告の上記方針・対応は、本件配転命令を前提とするものであるところ、本件配転命令は、配転命令権の濫用といえるのみならず…、安全配慮義務違反にも当たるものと解されることからすれば、上記方針・対応には少なくとも過失があり、これにより原告の就労を拒否したのであるから、債権者たる被告の『責めに帰すべき事由』により、就労不能に至らしめたものというべきである。」と判断しました。

　平成29年5月18日名古屋高裁判決（**104**・ジャパンレンタカー事件）は、雇止めが相当でないとした原審の判断について、一部理由を追加して判断を維持したものです。

　この事件では、労働者が、平成26年11月13日、私病による欠勤から復帰したもののシフトに入れてもらえず、雇止め日である平成26年12月20日まで就労することができませんでした。

労働者は、雇止め日以降の賃金のみならず、シフトに入れてもらえなかった平成26年11月21日から同年12月20日までの賃金についても請求しましたが、使用者は、それに対し、シフトを申告せず働いていなかったから賃金債権は発生しないと主張しました。

裁判所は「本件雇止めに至る経緯からすれば、原告（注：労働者）は、休養から復帰した平成26年11月13日以降、被告（注：使用者）に対し、何度もシフトの申告を希望していたことが認められ、それに対し、被告から連絡すると言いながら、被告が同月末まで連絡を怠り、原告からシフト申告の機会を奪ったことは明らかである。」として、この期間の賃金について、雇止め以後の賃金と同様に請求を認めました。

(2)「責めに帰すべき事由」〜自宅待機の場合〜

Q

解雇事由の調査のため自宅待機させた場合には、その間の不就労は「責めに帰すべき事由」によるものとなりますか。

A

解雇が有効となれば別ですが、無効となった場合には肯定される場合が多いと思われます。

【問題の所在】

解雇等を行う場合、その調査のために自宅待機を命じる場合があります。また、懲戒処分の一つとして自宅待機（出勤停止）とすることもありますが、この場合、その間の賃金は支払わなくてもよいのでしょうか。

裁判例：自宅待機期間中の不就労について支払いを命じたもの

平成25年9月12日大阪地裁判決（**14**・金本運送事件）は、労働

者が店内で台車を押していた際、女性客が入院と手術を要する骨折を受傷したこと（本件事故）を理由として約半年間ほど自宅待機命令とされたのち、解雇となったものです。結論として、自宅待機期間中の賃金の支払いが命じられ、解雇も無効と判断されています。

本件事故の原因は、店舗内の防犯カメラのビデオ映像によっても明らかでなく、労働者は自己の責任ではないと否定し、負傷した女性も、使用者からの聞き取りに対し「ドーンと来て、びっくりした」と述べるのみで具体的な事故状況を述べていませんでした。

そのため、使用者は、当初、台車が女性にぶつかったと認識していましたが、その事実が認めがたいことから、台車を押していたこと自体に過失があると解雇事由等を主張しました。

裁判所は「被告（注：使用者）は原告（注：労働者）が台車を押していたこと自体が過失であるとして原告の言い分を踏まえて負傷女性に対し改めて事故状況を聴取する等の調査も行っていないことが認められ、被告は、本件自宅待機命令を、本件事故の調査のために必要なものとして発したものではないことが推認されるところ、被告は、本件自宅待機命令により原告の就労を拒まなければならない他の具体的事情を何ら主張立証しない。」として、労働者の不就労を使用者の責めに帰すべき事由によるものと判断し、賃金の支払いを命じました。

〈補足説明〉

この事件では、本件事故の後、使用者が、労働者に対し賃金の減額を行ったことから、労働組合から団体交渉を求められ、その後自宅待機としたという経緯があります。

裁判所からすれば、自宅待機について、解雇すべきかどうかを調査するというよりも使用者の労働者との労働契約を終了させたい、それまでの間の関係を一時的にでも断ちたいとの意図があったこと

を前提に、このような判断をしたものと思われます。

　解雇等の調査のために自宅待機とするかどうか、また、その間の賃金を支払うかどうかについては、一義的には、就業規則の規定に従うこととなるかと思います。賃金を支払わないと規定していても、その後の事実関係によっては「責めに帰すべき事由」があると判断される場合が当然あるということになります。

(3)「責めに帰すべき事由」
〜復職通知等による出勤命令を拒んだ場合〜

Q

労働者が不就労となった後、出勤命令を出せば、それ以降労働者が出勤しなかった場合には「責めに帰すべき事由」がないということになりますか。

A

一概にそうとはいえません。出勤しないことについて労働者に原因（責めに帰すべき事由）があると判断されるだけの状況がなければなりません。

【問題の所在】

　解雇したものの、労働者からの申入れや労働組合との団体交渉、訴訟手続の係属等を理由に、解雇を撤回し復職を命じる場合があります。

　このような対応をすれば、それ以後、労働者が出勤しなかったとしても「責めに帰すべき事由」が消失したとして、賃金の支払いをしなくて済むのでしょうか。

裁判例：復職通知、住居費用及び通勤費の立替えの申出等

平成26年8月20日東京地裁判決（**40**・ワークスアプリケーショ

ンズ事件）は、休職期間満了による退職扱いを無効と判断したものですが、使用者から労働者に対し復職するように通知したものです。

　使用者は、その際、労働者が就労できるだけの費用等の立替えを申し出るなどしたため、それ以降「責めに帰すべき事由」により就労できないものと認めるかどうかが問題となりました。

　裁判所は「被告（注：使用者）は、原告（注：労働者）に対し、9月17日付け復職通知により平成25年9月24日からの被告本社での就労を命じているが、原告は、経済的な理由で東京都内の住居を引き払い、被告本社への出勤に片道約2時間を要する実家に居住していたところ、被告が原告に本件退職扱い後の賃金の支払をしなかったため、原告は東京都内に転居することができない状態であったから…、この時点では、なお、原告の就労が可能になったとはいえず、被告の責めに帰すべき事由により就労の履行の提供ができない状態であったと認められる。」

　「他方、労働契約においては、当事者は、信義に従い誠実に権利を行使し、義務を履行しなければならないのであるから（労働契約法3条4項）、使用者の労務の受領拒絶により就労が不能となった後、使用者が受領拒絶をやめ、就労を命じた場合においては、労働者も自己の就労が再び可能となるよう努力すべき信義則上の義務があるというべきである。」

　「したがって、被告が、10月16日付け復職通知により、原告のために東京都内の住居を用意し、住居費用及び通勤費用の立替払を申し出て、原告が就労するために必要な準備を行う姿勢を示したことに対し、原告は、被告が用意した前記住居に居住する義務はないものの、信義則上、原告の就労を可能とするために被告との協議に応じる義務があったというべきである。」

　「しかし、原告は、10月16日付け復職通知を受けた後、何ら被告と協議をすることなく相当期間である同月23日が経過した。そう

すると、翌24日以降においては、もはや『債権者の責めに帰すべき事由によって債務を履行することができなくなったとき』（民法536条2項）とはいえないと認められるから、平成25年10月24日からの賃金請求は理由がないというべきである。」として、平成25年11月以降の定期賃金の請求は認めませんでした。

【実務上のポイント】

　解雇した労働者等から解雇無効の通知が届いたなどの相談を使用者から受けた場合に、すぐに、解雇の意思表示を撤回し、出勤するように通知を出したことが数回あります。

　解雇の理由が手堅いときなどはそうしませんが、裁判所に労働契約上の権利を有する地位の不存在確認を求めるなどして、積極的に和解等による解決を探る方針をとるなどしない限りは、撤回した上で、裁判外で復職の協議をしたほうが、傷が深くならないものと思われます。

　もっとも、解雇を撤回しただけでは、信頼関係が回復したとはいえないなどの理由から「責めに帰すべき事由」がなくならないと判断される場合があることには注意しておくべきです（例えば、平成28年1月15日福井地裁判決は、配転命令無効を争った労働者に対し、使用者が配転命令を撤回しました。しかし、労働者は、残業代等の問題が解決していないことを理由に出勤を拒否したところ、これによる就労不能について、使用者の「責めに帰すべき事由」を認めています）。

（4）就労の意思と能力 〜こんな会社では働けない?〜

Q

解雇を通知したところ、労働者が別の会社に勤務しはじめた場合であっても、解雇が無効と判断されれば賃金を支払わなければなりませんか。

A

別の会社に勤務しはじめたことで、「就労の意思」がないといえれば支払う必要はありませんが、簡単には認められない場合が多いようです。

【問題の所在】

民法536条2項は、「債務を履行することができなくなったとき」と規定していますので、そもそも、使用者が就労を拒まなければ就労することができる、つまり、就労の意思と能力を備えている必要があります。

では、就労の意思や能力がないといえる場合はどのような場合でしょうか。

裁判例：別会社へ就職したものの就労の意思を認めたもの

平成27年7月15日東京地裁判決（**61**・ビジョン事件）は、休職中の労働者が退職の意思表示をしたものの、それについては動機の錯誤があり、使用者とのやり取りの中で動機が示されていたとして無効と判断されたものです。

裁判所は、別の会社に正社員として就職したことを理由に就労の意思を喪失したとする使用者の主張について「原告（注：労働者）は、被告（注：使用者）を退職した後、平成24年4月16日から平成25年1月25日まで被告とは別の会社に正社員として就職し、稼働し

たが、同社における上記約9か月間の収入（166万3005円。賞与を含む。）は、被告における9か月分の収入（243万1530円。賞与を除く。）の7割に満たない額であり、同社への再就職により原告が被告への就労意思・能力を失ったものとは認められない。また、証拠…及び弁論の全趣旨によれば、その後に就職した会社では、原告は非正規社員として雇用されたものであり、収入もいずれも被告におけるものと比較して低額であることからすれば、上記同様に、これにより原告が被告への就労意思・能力を失ったものとは認められない。」と判断しました。

裁判例：他社の役員に就任したものの就労の意思を認めたもの

平成28年1月14日東京地裁判決（**69**・大王製紙事件）は、労働者に対する懲戒解雇が無効とされたものですが、労働者の賃金支払請求に対して、使用者から、他社の役員に就任しており就労の意思を欠くため賃金債権が発生しないなどの主張がなされました。

裁判所は「原告（注：労働者）は、平成25年3月19日、被告（注：使用者）に対して労働契約上の地位の確認と解雇期間中の賃金の支払等を求める本件訴訟を提起した後（顕著な事実）、平成26年8月1日になって、本件訴訟を維持したまま、他の会社に就職し、その後役員に就任したものであり、他の会社からの収入は、上記賃金の6割程度にとどまる…というのである。かかる事実関係に照らせば、原告が他の会社に就職し、その後当該会社の役員に就任したことをもって、直ちに、原告が被告において就労する意思を完全に放棄したと認めることはできないというべきであり、ほかに原告が被告において就労する意思を放棄したと認めるに足りる的確な証拠はない。」と判断しました。

平成26年9月25日名古屋高裁判決（**45**・ヴイテックプロダクト（旧Ａ産業）事件・控訴審）は、私病による欠勤後に復職することなくなされた解雇について無効と判断した原審（平成26年3月27日名古屋地裁岡崎支部判決・**33**）の判断を維持したものです。

労働者は、医師の診断書を提出して欠勤後の復職を求めたところ、診断書には「業務上の配慮として、時間外勤務、休日出勤、交替勤務、出張は当分禁止とすべきと考えます。」等の記載があったことから、使用者は、就業規則の定める復職の要件を満たさないと判断して解雇したものでした。

そのため、使用者は、休職事由が消滅していないため賃金債権は発生しないと主張しましたが、裁判所は「賃金請求権は、債務の本旨に従った履行の提供、すなわち労務の現実の提供を受けて発生するものであるところ、使用者が、労働者を解雇するなど、受領拒絶の意思を明確にしている場合、履行の提供の要件は軽減され、労働者に履行の意思と能力が客観的に認められれば、履行の提供があったものと認めるのが相当である。そうすると、本件において、原告（注：労働者）は、復職可能な健康状態になったこと及び復職の意思を明確に示して復職を請求したにもかかわらず、被告（注：使用者）は本件解雇をしたものであるから、労務提供の履行の意思と能力は客観的に認められ、履行の提供があったものと認めるのが相当である。」と判断しました。

平成29年12月22日東京地裁判決（**113**・医療法人社団充友会事件）は、使用者が、退職の意思表示があったとして、女性労働者を第1子の産休後に退職扱いとしたものですが、結論として、裁判所

は退職の意思表示があったとは認めなかったものです。

　裁判所は、労働契約上の地位を認めた上で、退職扱いとされた以降の期間のうち、そのほとんどの期間について民法536条2項を理由に賃金支払請求を認めましたが、産前・産後休業及び育児休業の期間については、就労の意思及び能力の存在を認めることはできないと判断しました。

裁判例：法律事務所を解雇された労働者が別の法律事務所に勤務したこと等を理由に就労の意思がなかったとしたもの

　平成27年1月13日東京地裁判決（51・弁護士レアール法律事務所事件）は、勤務先の法律事務所から解雇された労働者が、地位確認及び賃金の支払いを求めたところ、他の職場（法律事務所）に勤務し、職場復帰に消極的な姿勢を見せていたことから、就労の意思がないとして、解雇は無効であると判断しながら地位確認請求を認めなかったものです。

　裁判所は「原告（注：労働者）は、平成26年9月25日、東京都新宿区内の法律事務所に出勤している姿が確認されているところ、同事務所において、いつから勤務しているのか、給与がいくらなのかについて、裁判所が釈明しても、回答しない。このような原告の態度からすれば、原告は、正社員として勤務しているとみられてもやむを得ないものであり、本件訴訟提起前から、被告（注：使用者）への職場復帰には消極的な姿勢を見せていたことも併せ考えると、前日の同月24日には確定的に被告で勤務する意思を喪失していたと認める。」として地位確認請求を認めず、賃金支払請求も同月分までしか認めませんでした。

〈補足説明〉

　以上見てきたように、就労の意思又は能力の喪失を理由に、賃金支払請求を認めない場合というのは、かなり限られますが、平成27年1月13日東京地裁判決（51・弁護士レアール法律事務所事件）のような場合の判断もあります。

　労働者が真に復職の意思を有しながら解雇を争うのであれば、このような主張はあまり意味をなしませんが、真意としては復職の意思がないながら、解決金や賃金の支払いを見込んで政策的に解雇を争う場合であれば、和解による解決も視野に入れて、裁判所にそのことが伝わるように主張することも必要かと思われます。

3 定期賃金

（1）基本給等 〜確実に支給されていたであろう賃金額〜

Q

実際に就労していない期間の賃金額はどのようにして定まりますか。

A

契約の内容や、それまでの平均賃金額などを踏まえ、就労していれば実際に支払われたであろう金額を認めるという考え方のようです。

【問題の所在】

使用者に責めに帰すべき事由があるとして、その期間の賃金を後々支払うといっても、実際に就労していない以上は、フィクションでしかありません。

そこで、支払いを命じられる賃金額はどのように定まるのでしょうか。

裁判例：一般論を述べたもの

平成29年11月28日横浜地裁判決（**112**・公益財団法人東京横浜独逸学園事件）は、雇止めを相当とせず、地位確認請求を認めたものです。

裁判所は「雇止めが無効である場合の雇止め以降の賃金請求権については、確実に支給されていたであろう賃金額を認容すべき」と

して、当事者双方の主張立証を踏まえ、特に、雇止め直近の年度における賃金額が最も蓋然性の高い金額であるとして、その額の支払いを命じました。

裁判例：インセンティブを考慮したもの

平成26年8月27日横浜地裁判決（**43・ヒューマンコンサルティングほか事件**）は、労働者に対する解雇が無効であると判断し、労働者が別会社に就職した平成24年9月1日より前までの賃金支払請求を認めたものです。

労働者が、基本給18万円とインセンティブの支給による実支給額から算定した平均賃金が21万6104円であったことから、賃金月額は20万円以上であると主張しました。使用者は、実際に就労しなければ支給されないものが含まれているため、実支給額で計算すべきでないことなどを争いました。

裁判所は「原告（注：労働者）の受領していた賃金の平均は、月額21万6104円である（争いがない。）が、…原告の主張によっても、平成24年9月1日から正社員として稼働するまでの間、原告は全く働かなかった訳ではないと認められるから、そのことを考慮して…、被告ヒューマン（注：使用者）は、原告に対し、平成22年4月1日から平成24年8月31日まで月20万円、29か月分合計580万円を支払うべきである。」と、労働者の主張の限度でインセンティブを含めた金額で請求を認めました。

裁判例：再雇用に関する規定に基づき 争いない範囲で70％としたもの

平成28年5月10日東京地裁判決（**76・学校法人尚美学園（大学専任教員A・再雇用拒否）事件**）は、定年後の再雇用拒否を争ったものです。

再雇用後の賃金支払請求について、「定年に達する専任教員の勤務内規」の３条に「再雇用が決定された者の待遇は、原則として定年時の基準給与月額の70％とする」との規定が存在し、それについて当事者間に争いがなかったことから、裁判所は、労働者の給与月額の70％相当額の請求を認めました。

　もっとも、この控訴審である平成29年３月９日東京高裁判決（98・学校法人尚美学園（大学専任教員Ａ・再雇用拒否）事件・控訴審）は、原審の判断を覆し、地位確認請求を認めませんでしたので、賃金支払請求については実質的な判断はしないまま棄却しました。

裁判例：当事者に争いのない方法（平均値）で算定したもの

　平成30年１月31日名古屋地裁判決（116・名港陸運事件）は、休職期間満了による自然退職について、休職事由が消滅していたとして、退職扱いとすることを認めなかったものです。

　裁判所は「原告（注：労働者）が復職していたならば支給されたであろう蓋然性の高い基本給及び諸手当の合計額」について支払義務を負うべきとした上で、「３か月間の賃金額の全部（注：基本給と全部の手当）又は一部（注：基本給と一部の手当）の平均値をもって相当賃金額を算出するという考え方は特段不合理なものとはいえないし、被告（注：使用者）も相当賃金額の金額自体は争うものの、このような平均値を用いることについてまで争っているようには解されないから、本件においては、この計算方法に従って相当賃金額を算出することとする。」として、どの手当を含めるべきかは裁判所が判断し、その手当の３か月間の平均値を用いるという当事者にとって争いのない計算方法によって算出しました。

　平成29年1月31日東京地裁立川支部判決（**94**・TRUST事件）は、退職の合意が存在しないとの理由で、退職扱いとされた労働者について、地位確認請求を認めたものです。

　賃金支払請求について、労働者は月額20万円と主張し、使用者は、月平均勤務日数（13日ないし14日）に1日あたりの賃金8333円を乗じた約11万円と主張しました。

　裁判所は「被告（注：使用者）における原告（注：労働者）の給与は、日給月給制で、労働契約書上、基本給は20万円と記載されているが、最低給が保証されているわけではなく、原告の支払給与は、一度も月額20万円を超えていない。原告は、被告に就業後、徐々に副業を減らして、被告の勤務日数を増やしていく予定であったので、月額20万円は取得できたと主張するが、勤務頻度は、平成26年10月中は、14日から31日までの18日間のうち、13日間、同年11月中は、1日から30日までの30日間のうち、16日間と、期間の経過により、むしろ減っており、上記主張は裏付けられていない。よって、勤務期間中の賃金の平均を基準とし、原告の未払賃金債権を計算する。雇入日の平成26年10月14日から、休職前日の平成27年1月14日までは、月数にして3と1／31か月（＝18／31＋30／30＋31／31＋14／31）となるから、同期間の合計賃金46万1323円の平均月額は、15万2138円（以降の計算は、いずれも円未満四捨五入）となる。」として、実際に支給された賃金額合計をその期間の月数で除した平均額で認めました。

　平成29年11月28日横浜地裁判決（**112**・公益財団法人東京横浜独逸学園事件）は、雇止めを相当でないと判断したものです。

裁判所は「原告（注：労働者）と被告（注：使用者）との間の労働契約においては、コマ数によって賃金が支払われることになっており、そのコマ数は本件学園の学園長が決定していた事実が認められる。しかし、原告は、約19年間にわたり日本語科教員を務めており、少なくとも平成20年以降は週17コマ以上を担当していたこと、本件雇止めの直近の年度においても、週17コマを担当していたことなどからすれば、最も蓋然性の高い金額としては、17コマを担当していた前年度の金額と同額の基本給57万0100円、勤続手当7万7000円及び住宅手当9万2100円の合計である月額73万9200円と認めるのが相当である。」と判断しました。

（2）通勤手当 〜実費補償的性格〜

Q

通勤手当も支払う必要がありますか。

A

支払いを命じない裁判例が多いと思われます。

【問題の所在】

　就労していれば支払われたであろう賃金といっても、就労をしていない以上、通勤手当を支給するまでの必要はないように思われます。

裁判例 ：通勤手当の支払請求を認めなかったもの

　平成29年1月20日静岡地裁判決（93・学校法人常葉学園（短大准教授・本訴）事件）は、労働者に対する懲戒解雇を無効と判断したものです。

　裁判所は「上記給与のうち通勤手当は、実費補償的な性質を有するものと考えられ、原告（注：労働者）は、本件懲戒解雇をされた

後、被告短大（注：使用者の運営する短大）に出勤したと認められ
ないことから、被告（注：使用者）に対して通勤手当（月額3万
0310円）を請求することはできないというべきである。」として、
通勤手当の請求は認めませんでした。

　平成30年1月31日名古屋地裁判決（116・名港陸運事件）は、休
職期間満了による自然退職について、休職事由が消滅していたとし
て、退職扱いとすることを認めなかったものですが、賃金支払請求
については、「通勤手当のように実費補償的な性質のものは当該費
用を現実に支出した場合に限られる。」と述べて、結果として、通
勤手当を含めませんでした。

（3）その他手当
〜支払われた蓋然性があるかの実質的判断〜

Q

通勤手当以外の手当は支払う必要がありますか。

A

実費補償的な性質かどうか以外に、実質的に判断することになる
と思われます。

【問題の所在】

　残業代の時間単価を算出するにあたり、各種手当をそれに含める
かどうかが争いとなるように、解雇無効等に伴う賃金支払請求にも、
各種手当を含めるかどうかが争いとなります。

裁判例：時間外手当を実質的に判断して認めなかったもの

　平成30年1月31日名古屋地裁判決（116・名港陸運事件）は、休
職期間満了による自然退職について、休職事由が消滅していたとし

て、退職扱いとすることを認めなかったものです。

　裁判所は、賃金支払請求について、3か月間の賃金の平均額をもって相当賃金額を算出することについて当事者間で争いがないことを前提に、各手当をそれに含めるべきかどうかを判断しました。ただし、「通勤手当のように実費補償的な性質のものは当該費用を現実に支出した場合に限られる。」と述べ、次の各手当を認めるべきかどうかを判断しました。

```
職務給
技術手当
皆勤手当
部署給手当
通勤手当
時間外勤務手当
休出手当
```

　裁判所は「基本給及び諸手当の各支給額につき、原告（注：労働者）に適用されるべき被告（注：使用者）の給与規程…と対照すると、まず、基本給、職務給、技術手当、皆勤手当及び部署給手当についてはいずれも基本的に定額で定められており、その内容からしても…、原告が本件休職命令における休職期間の満了日の翌日である平成27年10月21日から被告に復職していれば、基本給、職務給、技術手当及び皆勤手当については…同額が、部署給手当についてはこれとほぼ同額が支給され、今後も支給されるべき蓋然性が高いものといえる。」と判断しました。

　そして、通勤手当は認めず「時間外勤務手当及び休出手当については、1日実働8時間を超える労働をした場合又は休日労働をした場合に支給されるものであるところ…、原告の上記…期間中の残業時間はおおむね毎月50時間から60時間程度であり、これは被告が

ほぼ想定していた残業時間であったことも認められる…。しかしながら、原告について、休職期間の満了日の翌日からの復職が認められるとしても、それはあくまでも1日8時間の所定労働時間内に限ってであり、そのことは…面談において原告も自認していたところであるし…、原告がこの当時既に満56歳と比較的高齢であったことも考慮すれば、原告が休職期間の満了日の翌日である同年10月21日から被告に復職していたとしても、時間外勤務手当及び休出手当が支給され、今後も支給されるべき蓋然性が高いものということはできない。」として基本給、職務給、技術手当、皆勤手当、部署給手当の総額の平均額を算出して、その額で支払いを命じました。

（4）定期昇給 〜計算方法が明確か？〜

Q

解雇等がなければ昇給していた場合はどうですか。

A

昇給したのちの額が一義的に算出されるのであれば、認められる場合があります。

【問題の所在】

賃金額について、前年度の額を参考とした場合、それを上回る金額にはなり難いと思われます。

もっとも、定期的に昇給することが予定されていた場合はどうなるのでしょうか。

裁判例：定期昇給の額の計算方法が定められていたもの

平成25年9月13日東京地裁判決（**15**・全日本海員組合（依命休職処分）事件）は、依願休職処分が無効であり、その期間満了によ

る退職に理由がないと判断したものです。

　労働者は、定期賃金について定期昇給分の支払い等を求めたのに対し、裁判所は「被告（注：使用者）の事務職員である原告（注：労働者）の本給に係る定期昇給の額の計算方法は、本件従業員規定29条3項②及び別表5により明確に定められ、各年度の原告の本給の額を一義的に算出することができるし、本件従業員規定34条により、勤務手当の額の計算方法が明確に定められ、各年度の原告の勤務手当の額を一義的に算出することができるのであるから、原告は、被告に対し、これらの賃金を請求する権利を有するというべきである。」と述べ、労働者が定期昇給することを前提に賃金支払請求を認めました。

4 賞　与

（1）定期賃金と賞与 〜解雇無効で賞与は発生するか?〜

Q

解雇が無効と判断された場合、賞与の請求もできますか。

A

できる場合があります。ただし、その旨を明示して請求する必要
があります。

【問題の所在】

　解雇が無効と判断された場合、解雇されなかった場合と同様の賃
金の支払いを請求することとなりますが、賞与についても請求がで
きるのでしょうか。

裁判例：請求の趣旨の変更をしなかったため判断しなかったもの

　平成25年7月23日東京地裁判決（**10**・ファニメディック事件）は、
試用期間中の獣医に対する解雇が無効と判断されたものです。

　裁判所は、民法536条2項により、労働者の定期賃金についての
請求は認めましたが、労働者の賞与についても支払われるべきとの
主張については、「（なお、原告は…準備書面（4）において、賞与
についても支払われるべきである旨主張するが、請求として追加す
る趣旨であれば当然に請求の趣旨の変更を要するところ、その旨の
書面を提出しないから、単なる事情の主張として扱う（民訴法143
条2項参照）。）。」と述べ賞与については判断を示しませんでした。

〈補足説明〉

　賞与についても、就業規則に規定があれば、それについても請求できる場合があります。

　もっとも、定期賃金と賞与は、前者が労務の提供を要件として支払いが認められるのに対し、賞与は、労務の提供を直接的な要件とするのではなく、出勤率や業績に対する貢献度等を踏まえた査定を経て算定され支払われるのが一般的ですので、その根拠が異なります。

　そのため、賞与の支払いを求めるのであれば、就業規則の規定等をもとに、それが支払われるべきことを主張する必要がありますし（弁論主義）、それに合わせて請求を行う必要があります（処分権主義）。

　この事件は、賞与について支払いを命じる可能性があったかどうかは別にして、訴訟手続として賞与の主張はしたものの請求をしなかったがために、裁判所がその点を判断しないと述べたものです。

　解雇が無効と判断されたからといって、自動的に賃金や賞与の支払いが認められるのではなく、その請求及び理由の主張をしなければ、その当否の判断すらしてもらえないこととなります。

(2) 賞与支払請求を肯定し得る場合
　　〜具体的に算定できるか？〜

Q

　どのような場合に賞与の支払請求を認めていますか。

A

　金額が確定でき、それが支払われることが労働契約の具体的内容となっていることについて争いがない場合に、その範囲で認められる場合があります。

【問題の所在】

定期賃金と異なり、賞与の具体的な金額等を契約の中で定めてない場合が多いかと思います。

そのような場合であっても、就労していれば賞与が支払われたはずだと主張し支払いを請求することができるのでしょうか。

裁判例：使用者が賞与の具体的権利性を争っていないと判断されたもの

平成26年7月10日東京高裁判決（**37**・A住宅福祉協会事件・控訴審）は、労働者に対する懲戒解雇を無効とした原審（平成26年2月25日東京地裁判決・**27**）の判断を維持したものです。

裁判所は「本件で認容すべき賞与額は、平成24年6月と12月に支給された84万7300円と認める。賞与が本俸及び役職手当の2か月分であったという原告（注：労働者）の主張を裏付ける証拠はない。なお、原告には、証拠上認められる範囲でも、平成20年12月以降、毎年6月と12月に80万円を超える額の賞与が支給されており、その権利性について被告（注：使用者）も争っていないことに照らすと、具体的な賞与請求権が認められる。」として、年2回の賞与について請求を認めました。

平成26年7月29日東京地裁判決（**38**・国立大学法人東京医科歯科大学事件）は、労働者に対する雇止めを相当でないと判断したものです。

裁判所は、期末手当について「雇用契約が更新されて平成25年4月以降も更新されていたとすれば、6月分支給の手当は47万8498円であり、12月支給の手当は53万7090円であった」ことについて争いがないとして、判決確定の日までの定期賃金と年2回の期末手当について請求を認めました。

　平成29年2月23日東京地裁判決（**95**・国立研究開発法人国立Ａ医療研究センター（病院）事件）は、期間途中の歯科医師に対する解雇を無効と判断したものです。

　労働者は、賞与（業績年俸）についても請求をしたところ、その業績の考慮について、裁判所は「原告は、初年度は…業績年俸245万8000円、2年目以降は初年度の業績年俸の100分の100の乗率、すなわち初年度と同額の業績年俸を請求する。原告が業績年俸の支給対象者であること、原告の初年度…業績年俸は245万8000円であること、2年目以降は前年度の業績年俸に当該職員の業績を考慮して100分の80から100分の120の範囲で理事長が定める割合を乗じて得た額とすることは、当事者間に争いがない。」とした上で、結論として、100分の100の乗率による割合の賞与の請求を認めました。

（3）具体的権利性 ～金額の計算根拠～

Q

　賞与の支払請求について、使用者が争っても認められる場合はありますか。

A

　支給不支給の決定権限が使用者に留保されておらず、計算根拠等がある場合には、労働契約の具体的な内容となっているものとして、認められることがあります。

【問題の所在】

　賞与について、労働契約の具体的な内容（具体的権利）として認められる場合には、どのような点が考慮されるのでしょうか。

裁判例：使用者の決定が不要かつ計算根拠があると認められたもの

平成29年11月28日横浜地裁判決（**112**・公益財団法人東京横浜独逸学園事件）は、雇止めを相当ではないとしたものです。

裁判所は賞与について「本件雇用契約において、被告（注：使用者）における特段の決定等が必要とされておらず、金額の計算根拠が示され、機械的に算出可能なものである」ことを理由に、前年度と同一額の範囲で、賞与支払請求権について具体的な権利性があると認めました。

裁判例：使用者の裁量を認めつつ支給自体の権利性を肯定したもの

平成28年3月28日（**74**・日本アイ・ビー・エム（解雇・第1）事件）は、複数の労働者に対する解雇を、それぞれ無効と判断したものです。

裁判所は「被告（注：使用者）における賞与については、給与規程…によると、毎年6月10日と12月10日に賞与を支給するものとし、社員の職務内容、バンド、業績評価、執務態度及び本給を総合勘案して、賞与基準額を定めるものとし、さらに、賞与基準額、バンド、出勤率、前年1月1日から前年12月末日までの期間の会社業績及び個人業績を勘案して、毎期会社が賞与支給額を定めるものとしている。こうした定めによれば、業績評価等の過程で被告の裁量により支給額を変動させる余地はあるものの、賞与の支給自体は原則的な契約内容を成しているものと解される。」と判断し、結論として、直近の賞与と同額の範囲で請求を認めました。

平成29年3月28日東京地裁判決（100・エイボン・プロダクツ事件）は、会社分割による労働契約の承継を否定し、分割会社である会社分割前の使用者に対する労働者の地位確認請求を認めたものです。

裁判所は「被告（注：使用者）における賞与については、その給与規定25条1項に『会社は、毎年6月および12月に会社の業績を考慮した上、賞与を支給することがあります。』という旨の定めがある…ところ、このような定めを字句のとおりに解すれば、会社の業績を考慮した上で被告の裁量により支給の有無と支給される場合の金額が決定されることになっており、不支給とされる余地があり得るものの、原告（注：労働者）が被告で勤務していた当時に、給与規程25条2項所定の3月期の決算賞与については、会社の業績に応じて支払われなかったケースがある一方で、同規定25条1項所定の夏季賞与及び年末賞与が支払われなかったケースはないこと…を踏まえれば、賞与の支給が原則としてある旨の合意が原告と被告との間の労働契約の内容を成しているものと解するのが相当である。」としています。

（4）査定を要する場合 ～減額すべき事由の存否～

Q

賞与の金額を算定するにあたり、使用者の裁量による査定は考慮されますか。

A

いくつかの裁判例は、査定権限が存在する限度で考慮しますが、「減額する理由が見当たらない」として前年と同じ金額を認めています。

【問題の所在】

　使用者に賞与の支給自体の決定権限がある場合には、裁判所がその判断を一義的に認定することは困難です。では、賞与の具体的権利性が認められるとして、使用者に賞与額を査定する権限がある場合に、どの範囲の金額で請求を認めるのでしょうか。

裁判例：減額すべき事情が特に見当たらないとしたもの

　平成29年3月28日東京地裁判決（**100**・エイボン・プロダクツ事件）は、会社分割による労働契約の承継を否定し、分割会社である会社分割前の使用者に対する労働者の地位確認請求を認めたものです。

　裁判所は「原告（注：労働者）の賞与について、オアスへ労働契約が承継される取扱いとなる直近の支給額よりも減額すべき事情が特に見当たらないことに照らせば、毎年6月15日及び12月10日に、各68万8500円の賞与請求権が生じるものと認めるのが相当である」と判断し、直近に支払われた賞与と同額の請求を認めました。

裁判例：直近の金額から減額すべき事情がないと判断したもの

　平成28年3月28日東京地裁判決（**74**・日本アイ・ビー・エム（解雇・第1）事件）は、複数の労働者に対する解雇を、それぞれ無効と判断したものです。

　裁判所は「被告（注：使用者）は賞与支給額の算定式について、詳細な定めを置いていることが認められるものの…、原告（注：労働者）らの賞与をそれぞれの解雇直近の支給額よりも減額すべき事情は見当たらないから、解雇直近の支給額と同額の賞与請求権を認めるのが相当である。」として、労働者の主張する直近の賞与額によって請求を認めました。

　平成29年2月23日東京地裁判決（**95**・国立研究開発法人国立Ａ
医療研究センター（病院）事件）は、期間途中の歯科医師に対する
解雇を無効と判断したものです。

　裁判所は「原告（注：労働者）が業務をしていないのは被告（注：
使用者）が本件解雇をしたためであること、…、本件解雇理由及び
本件問題行為のほとんどは認められず、原告の業績をマイナス査定
する事情があるとはいえない」として、初年度と同じ金額を認めま
した。

（5）賞与の支払請求を否定した裁判例
～具体的権利性を認めない場合～

Q

　どのような場合に賞与の支払請求が否定されていますか。

A

　賞与の支給条件が具体的に定められておらず、使用者の裁量に委
ねられているような場合に否定されます。

【問題の所在】

　賞与を請求する場合、就業規則等にその旨の規定があるはずです。
　もっともそのような場合でも、具体的な権利として認められず、
請求を認めないのはどのような場合でしょうか。

　平成27年1月23日東京地裁判決（**53**・日本ボクシングコミッショ
ン事件）は、労働者に対する懲戒解雇を無効と判断したものですが、
労働者の賃金支払請求のうち、賞与については請求を認めませんで

した。

　裁判所は「賞与に関する被告（注：使用者）の賃金規定14条は、『業績、職員の勤務成績等を勘案して支給する。』、『業績の低下その他やむを得ない事由がある場合には、支給日を変更し、又は支給しないことがある。』と定め、支給条件が具体的に規定するものではなく、他に、法的拘束力を有する労働慣行が確立していたとまでみるべき的確な証拠もない。」と述べています。

裁判例：賞与の支給について使用者の裁量を認めたもの

　平成28年1月14日東京地裁判決（**69**・大王製紙事件）は、労働者に対する懲戒解雇が無効とされたものです。

　裁判所は「原告（注：労働者）は、原告が被告（注：使用者）から賞与として平成24年7月10日及び同年12月10日にそれぞれ108万2000円の支払を受けたとして、平成25年以降も同額の賞与の支払を求めている。しかしながら、単に平成24年に賞与が支払われたというだけでは、平成25年以降の賞与請求権を基礎付けるには不十分であり、ほかに原告の被告に対する平成25年以降の賞与請求権を根拠付けるに足りる事実の主張はないから、この点に関する原告の主張は、それ自体失当であるといわざるを得ない。」と述べています。

　また、就業規則に「会社は、賞与を支給することがある。」との規定があることについて、裁判所は「賞与を支給するか否かが被告の裁量に委ねられていることがうかがわれるところ、そうであるならば、実体的にも、原告が被告に対して当然に平成25年以降の賞与請求権を有するとはいえないことになる。」と述べています。

　平成28年2月26日東京地裁判決（73・野村證券事件）は、懲戒
解雇を無効と判断したものです。

　裁判所は「原告（注：労働者）は、原告と被告（注：使用者）と
の間の労働契約において、賞与として年405万9332円を支給するも
のとされていた旨を主張するが、当該事実を認めるに足りる的確な
証拠はない。この点、原告は、上記主張の根拠として、平成23年
4月から平成24年3月までの間の原告の報酬等について記載され
た『2011／12年報酬等に関する通知書』…を援用する。しかしな
がら、上記通知書には、平成24年5月に405万9332円の賞与が支
給される旨とともに、『また2011／12年の賞与の支給は、今後の
賞与支給または賞与金額を保証するものではありません。』として、
この賞与の支給が今後の賞与の支給又は金額を保証するものではな
い旨が併せて記載されているから、上記通知書の記載をもって、原
告の被告に対する平成25年以降の賞与請求権が基礎づけられると
いうことはできない。」としています。

　また就業規則には「会社には、会社の裁量により支給される賞与
があります。」、「賞与は、年1回、5月または6月に支給されますが、
その額は前年4月から同年3月までの期間における社員個人の勤務
成績と会社の業績によって決定されます。」と規定されていたこと
も踏まえて、「被告において、賞与は、被告が裁量によってその都
度決定する金額が支払われるものであって、あらかじめ定まった金
額が支払われるものではないことがうかがわれる。」と述べていま
す。

　この事件の控訴審（平成29年3月9日東京高裁判決（96・野村
證券事件））でもこの判断は維持されました。

平成28年7月19日東京地裁判決（**80**・クレディ・スイス証券（懲戒解雇）事件）は、懲戒解雇を無効と判断したものです。

裁判所は「賞与は、『インセンティブ実績報酬』として、被告（注：使用者）及びその関連会社、原告（注：労働者）の所属部門及び所属課の業績及び収益性、原告自身の実績、行為及び貢献並びに被告及びその関連会社の戦略的な必要性を考慮した上で、賞与を支払うか否か、その金額又は形式及び支払日を被告の裁量により決定される旨が定められている」こと及び「平成26年度の賞与について、被告は、原告に対し、平成27年1月19日付けで、原告がその時点で懲戒手続中であるため、適切な賞与の査定ができないことを理由として、懲戒手続の完了まで賞与査定を延期する旨を通知し…、その後も賞与を支給していない。」との事実を認めています。

その上で「本件雇用契約において、基本給及び住宅手当は具体的に定められていたのに対し、賞与はその支給の有無及び金額が被告の裁量により決められる旨が定められており…、賞与が具体的請求権として本件雇用契約の内容となっていた事実は認められない。」として、賞与請求権は、使用者がその都度支給の有無及び金額を裁量により個別に決定することによって初めて具体的に発生する権利であると判断し、請求を認めませんでした。

平成29年1月20日静岡地裁判決（**93**・学校法人常葉学園（短大准教授・本訴）事件）は、労働者に対する懲戒解雇を無効と判断したものです。

裁判所は、賞与については、労働者に対して支給されたことがあるという事実を前提に「賞与は、人事考課ないし成績査定によって

初めて具体的権利として生ずると考えられるため、原告（注：労働者）が本件懲戒解雇によって被告短大（注：使用者）に出勤していなかった期間については、原告は、被告に対して上記賞与を請求することはできないというべきである。」と判断していますが、具体的な規定の有無及びその指摘まではされていません。

裁判例：算定基準及び方法が明らかでないことを理由としたもの

　平成29年10月4日前橋地裁判決（110・国立大学法人群馬大学事件）は、懲戒解雇を相当ではないとして無効と判断したものです。

　裁判所は、過去に賞与の支給があった事実を認定したものの、「被告（注：使用者）における給与の算定基準及び方法は明らかではなく、原告（注：労働者）が上記金額相当額（注：前年度支給額）の給与支払請求権を有することを認めるに足りる証拠はないから、原告の期末手当及び勤勉手当の支払請求は理由がない。」と判断して認めませんでした。

　判決文からは明らかではありませんが、賞与を規定した賃金規定等が証拠として提出されなかったのではないかと推測されます。

5 その他

（1）中間利益の控除 ～主張立証責任～

Q

中間利益の控除について、労働者が明らかにしないといけませんか。

A

使用者が主張立証しなければ認められません。

【問題の所在】

民法536条2項は、「債務者は、自己の債務を免れたことによって利益を得たときは、これを債権者に償還しなければならない。」と規定しています。

そうすると、利益（中間利益）を得たことについて、労働者が明らかにする義務があるのでしょうか。

裁判例：中間利益の控除について証明責任の所在に言及したもの

平成29年3月9日名古屋高裁判決（**97**・ジブラルタ生命（旧エジソン生命）事件）は、懲戒解雇を無効と判断したものです。

裁判所は、定期賃金の請求を労働者の主張するとおり、月額50万円の割合で認めた上で、中間利益の控除について「中間利益の控除は、被控訴人（注：使用者）の抗弁事項であるが、被控訴人はそのような主張を全くしていないので、判断の必要はない。」と述べました。

〈補足説明〉

　このように述べた理由は明確ではありませんが、この事件の原審（平成27年10月22日名古屋地裁判決（67・ジブラルタ生命（旧エジソン生命）事件））が、控訴審とは異なり懲戒解雇を有効と認めていたことから、証拠上、中間利益があることが伺い知れる状況だったにもかかわらず、使用者が控訴審においてそのような主張をすべきことまで思い至っていなかったという事情があったからかもしれません。つまり、邪推かもしれませんが、中間利益の控除をしないのは裁判所には責任がないことを明らかにしておくためではないかと思われます。

　また、中間利益の存在及び範囲については、労働者側の事情であるため、使用者が具体的に主張立証することは困難です。

　そのため、訴訟手続においては、使用者から労働者に対してその点について釈明を求めることが一般的です。

　そのときに労働者が釈明に応じないような場合であって、裁判所も釈明に応じる必要があると判断すれば、裁判所から釈明に応じるよう求めることがあります。これにより、労働者が釈明に応じない態度が、裁判所の判断に少なからず影響を及ぼすこともあります（例えば、平成27年1月13日東京地裁判決（51・弁護士レアール法律事務所事件）のような場合です）。

（2）解雇予告手当との関係 〜相殺？不当利得？〜

Q

解雇が無効と判断された場合において、解雇予告手当を支払っていたときは、賃金を支払ったものとして扱われますか。

A

全額払いの原則から、賃金の支払いとは扱われません。

【問題の所在】

　解雇をする際に、解雇予告手当（労働基準法20条1項）を支払うことがあります。

　解雇が無効と判断された場合、当該手当について、どのような処理がされるのでしょうか。その範囲で賃金の支払いを免れるのでしょうか。

裁判例：解雇予告手当と賃金との相殺を認めなかったもの

　平成25年7月23日東京地裁判決（10・ファニメディック事件）は、試用期間中の獣医に対する解雇が無効と判断されたものです。

　使用者は、解雇予告手当を支払った上で解雇したことから、賃金と当該手当との相殺を主張しましたが、裁判所は「解雇予告手当は賃金と法的性質が異なるものであり、使用者の一方的な意思表示によって賃金の支払いに充当することはできない」と述べました。

　また、「賃金の全額払の原則を定めた労基法24条1項は、相殺禁止の趣旨を含むものと解されること、解雇が無効である場合の解雇後の賃金請求と解雇予告手当の返還請求権との相殺がいわゆる調整的相殺に当たるとはいえないことにかんがみれば、使用者の一方的な意思表示によって解雇後の賃金を既払の解雇予告手当で相殺することは認められない」と判断しました。

　なお、裁判所は「解雇予告手当の取得は、本件解雇が無効である以上、法律上の原因を失い、不当利得となるというべきである。」と述べています。

裁判例：労働者が予告手当の範囲で賃金の支払いを請求しなかったもの

　平成29年10月4日前橋地裁判決（110・国立大学法人群馬大学事件）は、懲戒解雇を相当ではないとして無効と判断したものです。

解雇予告手当と賃金との相殺が直接的に問題となったものではありませんが、裁判所は、平成26年12月分の定期賃金と解雇予告手当の関係について、「原告（注：労働者）は、被告（注：使用者）に対し、本件懲戒解雇後の同年12月から本件判決確定の日までの間、少なくとも原告が請求する月58万1975円の賃金の支払請求権を有するものといえる（被告が、原告に対し、同年11月21日付けで解雇予告手当額58万1975円を支払ったことについて争いはなく、原告はこれを12月分の賃金として受領したことを認めて、同年12月分の賃金を請求していない。）。よって、原告の請求のうち、平成27年1月1日から本判決確定の日までの月58万1975円の賃金の支払を求める請求には理由がある。」と述べています。

〈補足説明〉

　平成29年10月4日前橋地裁判決（**110**・国立大学法人群馬大学事件）は、あえてカッコ内のようなことに言及する必要がないにもかかわらず、このようなことを述べたのは、実質的に解雇予告手当の返還債務と12月分の賃金債務の相殺を認め、不要な争いを残さないための配慮によるものだと思われます。

　この事件は、平成25年7月23日東京地裁判決（**10**・ファニメディック事件）のように使用者が相殺の意思表示をしたものではなく、実質的には労働者からの相殺の意思表示と捉えられます。

　労働法の観点からすれば、賃金と相殺することにより不利益を受けるのは労働者である以上、そのことを理解した上で労働者の意思表示（らしきもの）があることから、相殺を禁止する必要もないと判断したものと思われます。

第5章

不法行為

　一般的には、解雇が権利を濫用したものとして、その効力が否定されたとしても、それだけで、労働者に対する損害賠償義務を負う（不法行為が成立する）ことにはなりません。雇止めについても同様です。

　本章では、不法行為の成立を認めない理由を説明する裁判例や、例外的に不法行為が成立し慰謝料等の請求が認められた裁判例をもとに、どのような場合に不法行為としての違法な解雇ないし雇止めと判断されるのかを見ていきます。

　また、解雇や雇止めだけでなく、労働契約の終了に関連する合意退職、定年後再雇用の場面において、損害賠償義務が問題となった裁判例をもとに、どのような点が問題となったのかを見ていきます。

1 解雇の場合

（1）原則的な考え方
〜賃金の支払いによる精神的苦痛の慰謝〜

Q

解雇が無効でも慰謝料等を請求できないのはなぜですか。

A

不法行為が成立する要件と解雇が無効となる要件が異なるからです。また、不法行為の要件である損害（慰謝料）は、賃金が支払われることで慰謝されると考えられているからです。

【問題の所在】

解雇が無効となる場合は、「違法」な解雇ということになりますが、それだけで、損害賠償請求が認められるための違法な行為、つまり不法行為となるものとは解されていません。

どのような理由から、そのように解されるのでしょうか。

裁判例：原則的な考え方を述べるもの

平成25年9月11日東京地裁判決（13・ロイズ・ジャパン事件）は、整理解雇を無効と判断したものです。

裁判所は「普通解雇された労働者は、当該解雇が無効である場合には、当該労働者に就労する意思及び能力がある限り、使用者に対する雇用契約上の地位の確認とともに、民法536条2項に基づいて（労務に従事することなく）解雇後の賃金の支払いを請求すること

ができるところ、当該解雇により当該労働者が被った精神的苦痛は、雇用契約上の地位が確認され、解雇後の賃金が支払われることによって慰謝されるのが通常であり、使用者に積極的な加害目的があったり、著しく不当な態様の解雇であるなどの事情により、地位確認と解雇後の賃金の支払いによってもなお慰謝されないような特段の精神的苦痛があったものと認められる場合に初めて慰謝料を請求することができると解するのが相当である。」と述べています。

その上で、使用者が労働者に対し、労働者の要望に応じて協議期間を延長し、多数回にわたる協議を行い、合意退職の場合の退職条件を複数回にわたり譲歩した事実を指摘して「本件解雇及びそれに伴う協議によって原告に前記特段の精神的苦痛が生じたなどということはできない。」と述べてその成立を否定しました。

平成25年12月18日東京地裁判決（**20**・ソーシャルサービス協会事件）等も、平成25年9月11日東京地裁判決（**13**・ロイズ・ジャパン事件）と同様に一般論を述べた上で、当該事件での不法行為による慰謝料の請求を認めませんでした。

裁判例：不法行為の成立要件に言及するもの

平成25年7月23日東京地裁判決（**10**・ファニメディック事件）は、能力不足等を理由とする解雇を無効と判断したものですが、「不法行為の成立要件を満たすことが前提である」と述べて、当該事件での不法行為の成立を否定しました。

裁判例：損害について言及するもの

平成26年8月8日東京地裁判決（**39**・ギャップ・ジャパン事件）は、解雇を無効と判断したものですが、「無効な解雇に伴う損害として賃金請求が認められてもまかなうことができない損害が生じた

とは認められない。」と判断しました。

　平成27年7月29日福岡地裁判決(62・学校法人杉森学園事件)は、整理解雇を無効と判断したものですが、不法行為の成立については、「これ（注：賃金の支払い）によってなお償えない特段の精神的苦痛が生じた事実があった場合に初めて、労働者からの慰謝料請求が認められるというべきである」と述べ、当該事件での不法行為の成立を否定しました。

〈補足説明〉
　一般に、損害賠償責任が認められる根拠は2つあり、1つは契約に違反した場合の債務不履行責任です。もう1つは一般市民としてのルールに違反した場合の不法行為責任です。
　前者は、契約というルールの中で、そのルールに違反した場合に認められるものです。解雇自体は使用者の権限として、それを行使すること自体はルール違反とはいえません。そのため、それだけで損害賠償責任を認める根拠とはなり得ず、それを「濫用」した場合であっても、権限の範囲内の行為である以上は、その効力を否定する（無効とする）ということに止めることとなります。
　それに対して、不法行為は、契約という特別な関係を有さない一般市民間に、一般市民法秩序に違反したこと（故意・過失）を理由に損害賠償責任を生じさせるもので、被害者の遺族固有の慰謝料についてすら認められるものです。
　そうすると、契約関係があっても不法行為の成立が否定されないとしてもやはり、原則として、解雇だけでは損害賠償責任を肯定することは認め難いという理解になります。

（2）名誉毀損 ～解雇の事実を公にした場合～

解雇による直接的な精神的苦痛でなく、それが公開され名誉が毀損され精神的苦痛を感じた場合はどうですか。

賃金の支払いにより、それも慰謝されるものと考えられます。

【問題の所在】

　解雇され、それを裁判等で争うことにより感じる精神的苦痛ではなく、解雇の事実が周知されることにより名誉が毀損されたとして精神的苦痛を感じる場合も不法行為とならないのでしょうか。

裁判例：名誉が毀損されたと労働者が主張したもの

　平成29年2月23日東京地裁判決（**95**・国立研究開発法人国立A医療研究センター（病院）事件）は、歯科医師に対する契約期間途中の解雇を無効と判断したものです。

　裁判所は「解雇や退職勧奨を受けた事実が周囲に知られた場合に通常は不名誉を感じることが否定できないとしても、解雇された労働者が被る精神的苦痛は、当該解雇が無効であることが確認され、その間の賃金が支払われることにより慰謝されるのが通常であり、これによってもなお償うことのできない精神的苦痛を生ずる事実があったときに慰謝料請求が認められると解するのが相当である。」と述べています。

　その上で、解雇の事実が流布されたとの労働者の主張に対して、「情報が被告（注：使用者）病院外に拡散した経過は定かではない上、原告（注：労働者）が被告から解雇を受けたことが公にされた場合に通常生ずる以上の精神的苦痛を被ったとまではにわかに認め難

い。」と述べて、否定しました。

〈補足説明〉

　裁判所がこのように述べるのは、裁判所が解雇を無効と判断することにより、名誉が回復され、それ以上に責任を負わせる必要がないという考え方があります。懲戒解雇に限らず、懲戒処分についても同様の考え方があります。

　他方で、単に解雇した事実を掲示したのみならず、他の事情も踏まえ不法行為と認めた裁判例もあります。

裁判例：解雇の事実を張り出したことを悪質な態様としたもの

　平成30年2月20日熊本地裁判決（117・社会福祉法人佳徳会事件）は、保育園に保育士として勤務する労働者に対する普通解雇ないし懲戒解雇を無効としたものです。

　裁判所は、労働者に対する解雇が試用期間を濫用して行われたものと認め、退職に追い込むことを目的として労働者に対しパワーハラスメントが行われたこと、調査が不十分なまま解雇に及んだこと及び解雇の態様も体調不良で欠勤していた労働者の自宅に使用者らが訪れて解雇の通知をしたことを認めています。

　その上で「園児や保護者の目に触れる場所である本件保育園の玄関に貼ってある職員一覧に『原告（注：労働者）は6月30日付で解雇されました。』と記載して張り出す等、合理性を欠く悪質な態様である。原告が、このような被告（注：使用者）の行動により、…本件保育園で保育士として勤務するという希望を絶たれ、長期間不安定な地位に置かれている状況を踏まえると、原告の精神的苦痛を慰藉するには賃金請求権での補てんを除いても、30万円が相当と認められる。」として不法行為の成立を認めました。

（3）解雇に付随する措置
～出社禁止は不法行為となるか～

Q

解雇に伴い、出社を禁止した場合はどうですか。

A

そうするだけの相当な理由があれば問題ありません。

【問題の所在】

　解雇そのものが不法行為とならないとしても、それに付随する措置が違法となることはないのでしょうか。

裁判例：情報の漏洩を理由に出社禁止としたもの

　平成28年3月28日東京地裁判決（**74**・日本アイ・ビー・エム（解雇・第1）事件）は、業務成績不良を理由に行われた労働者3名に対する各解雇についてその効力を判断したものです。

　解雇はいずれについても無効と判断されましたが、使用者が①解雇予告とともに職場から労働者を退場させ、出社を禁止したこと、②解雇予告時に具体的な解雇事由を明記せず解雇を伝えたこと、③解雇予告時に、短い期間内に自主退職すれば退職の条件を上乗せすると提示したことについて、労働者が不法行為が成立すると主張しました。

　裁判所は、①について「被告（注：使用者）が情報システムに関わる業務を行う企業であり、原告（注：労働者）らの職場でも自社及び顧客の機密情報が扱われていると推認できるところ、一般的には、解雇予告をして対立状態となった当事者が機密情報を漏えいするおそれがあり、しかも、漏えいが一旦生ずると被害の回復が困難であることからすると、上記の措置（注：①の措置）に違法性があ

るとはいえない。」と判断しました。

②及び③についても、「実体要件を満たしている限り本来は解雇予告をするまでもなく即日解雇することも適法であること、使用者に解雇理由証明書を交付する義務があるとしても解雇の意思表示の時点で解雇理由の具体的な詳細を伝えることまでは要求されていないこと、期間内に自主退職すれば退職の条件を上乗せするという提示はそれがない場合と比較して労働者にとって不利益な扱いともいえないことからすると、違法性があるとはいえない。」と判断しました。

〈補足説明〉

原則、出社を禁止すること自体が違法と判断されることはありません。理由は、労働者が就労する権利は認められないからです。

出社を禁止した場合、その時の賃金支払義務は別途問題となりますが、このことと損害賠償を認めるかどうかは異なる問題です。

(4) 事実調査 〜事情聴取は不法行為となるか〜

Q

解雇に伴う事情聴取が不法行為となることはありますか。

A

方法等が相当でない場合は不法行為となる場合があります。

【問題の所在】

解雇に至るまでに事実の調査が必要な場合がありますが、事情聴取が不法行為となることがあるのであれば、その点に配慮する必要があります。

　平成25年4月24日東京地裁判決（**8・イーハート事件**）は、情
報漏洩を理由とする労働者に対する懲戒解雇について、理由がない
として、無効と判断したものです。

　使用者は、パチンコ・スロット店など遊技場・ゲーム場の経営等
を行う会社で、労働者は、店舗で就労していたところ、客に対し目
が出る確率が高く設定された台の情報を漏洩する見返りとして約
14万円の利益を得、他方、会社に損害を与えたことを理由に懲戒
解雇となったものでした。

　使用者は、懲戒事由の存在について、店内のビデオ映像のほか、
労働者作成の上申書を証拠として提出しました。

　しかし、裁判所は、上申書の内容について、具体的な行為の日時、
行為態様、関与した者の特定がない抽象的かつ不自然なものと判断
しただけでなく、その作成過程について、使用者の労働者に対する
事情聴取が「本社地下会議室で、L及びN2名によって行われた。
同月4日は、午後7時頃から午後11時頃まで、翌5日は午前11時
頃から午後7時ころまで行われ、原告（注：労働者）は、翌5日の
午後、本件上申書等を作成するに至った。」ことを認めています。

　そして、事情聴取を行った者は、労働者が情報漏洩を行ったと考
えており、他の可能性等を十分吟味した調査をしなかったことから
「被告（注：使用者）の主張する中心的な懲戒解雇事由である原告
による本件情報漏洩は、その事実を認めるに足りない。そして、被
告の本件懲戒解雇に対する調査は、本件上申書等を作成させた以外
に、原告に対する更なる調査を行うことなく、十分な裏付けも行っ
ていないというもので、かかる調査状況に鑑みれば、本件懲戒解雇
は不法行為の違法性を帯びるというべきである。原告は、本件懲戒
解雇によって突然に職を奪われ、その後の安定した生活の途を絶た

れ、多大な精神的苦痛も被ったものと認められる。」として、不法行為の成立を認め、慰謝料100万円を損害として認めました。

〈補足説明〉

　この事件では、裁判所は、ビデオカメラの映像からも懲戒事由である情報漏洩は認められないと判断しています。

　事情聴取を行った者が、労働者が情報漏洩を行ったとの先入観を持たずにビデオカメラの映像を確認していればこのような結果は避けられたのではないかと思われます。

(5) 経歴詐称 〜給与相当額が損害か？〜

> **Q**
>
> 経歴と能力を詐称して採用された労働者に対して、給与相当額について損害賠償を求めることはできますか。

> **A**
>
> 全額は難しいですが、詐称したことにより給与の増額を求められた場合に、増額分を損害と認めた裁判例があります。

【問題の所在】

　経歴詐称を理由に労働者を解雇するにあたり、詐称されていなければ雇用しなかったといえることから、給与全額を損害として賠償ないし返還を求めることができるのでしょうか。

裁判例：労働者の経歴や能力について詐称を認めたもの

　平成27年6月2日東京地裁判決（58・KPIソリューションズ事件）は、経歴及び日本語の能力を詐称したことを理由として行われた解雇を有効と判断したものです。

　裁判所は、労働者が経歴、プログラマーとしての能力及び日本語

能力の程度について詐称して採用されたことを認めた上で、不法行為の成立について「雇用関係は、仕事の完成に対し報酬が支払われる請負関係とは異なり、労働者が使用者の指揮命令下において業務に従事し、この労働力の提供に対し使用者が賃金を支払うことを本質とするものであり、使用者は、個々の労働者の能力を適切に把握し、その適性等を勘案して労働力を適切に配置した上で、指揮命令等を通じて業務上の目標達成や労働者の能力向上を図るべき立場にある。そうすると、労働者が、その労働力の評価に直接関わる事項や企業秩序の維持に関係する事項について必要かつ合理的な範囲で申告を求められ、あるいは確認をされたのに対し、事実と異なる申告をして採用された場合には、使用者は、当該労働者を懲戒したり解雇したりすることがあり得るし、労働者が指揮命令等に従わない場合にも同様であるにしても、こういった労働者の言動が直ちに不法行為を構成し、当該労働者に支払われた賃金が全て不法行為と相当因果関係のある損害になるものと解するのは相当ではない。」「労働者が、前記のように申告を求められ、あるいは確認をされたのに対し、事実と異なる申告をするにとどまらず、より積極的に当該申告を前提に賃金の上乗せを求めたり何らかの支出を働きかけるなどした場合に、これが詐欺という違法な権利侵害として不法行為を構成するに至り、上乗せした賃金等が不法行為と相当因果関係のある損害になるものと解するのが相当である。」と述べました。

　その上で、使用者が、採用時に、月額40万円を提示したのに対し、労働者が月額60万円への増額を要求し、労働者がそれだけの能力を有しているのであればと考え、使用者がそれに応じたことから、増額分20万円を損害として認めました。

❷ 雇止めの場合

Q

雇止めが不法行為となり損害賠償が認められることはありますか。

A

雇止めそれ自体は、解雇と同様、原則として不法行為とはなりませんが、何らかの理由があれば、故意・過失行為として不法行為が認められる場合もあります。

【問題の所在】

　雇止めも、解雇と同じ理由から、相当性を欠いたとしても、それ自体が不法行為となるものではありませんが、効力が否定される以上に損害賠償まで認められる場合があるのでしょうか。

裁判例：違法な更新拒絶に故意又は過失があったと認めたもの

　平成25年12月10日大分地裁判決（**19・ニヤクコーポレーション事件**）は、労働者が就業規則の変更による労働条件の変更を争い、平成23年11月7日に調停の申請、平成24年5月1日に労働審判の申立て（後に訴訟に移行）をしたところ、平成25年3月23日、訴訟係属中に、使用者から同月31日をもって雇止めとされたこと等が争われたものです。

　雇止め（更新拒絶）の通知書には、労働契約の更新をしない理由として、労働者が訴訟において様々な点において事実と異なることを主張していること、訴訟と無関係な使用者の従業員を多数巻き込

んでいることを挙げていたこと等から、労働者が、更新拒絶について不法行為が成立すると主張しました。

　裁判所は、労働者の職務遂行に過誤がなかったこと、使用者の主張する更新拒絶の理由が事実と認められないことを指摘するとともに「被告（注：使用者）は、原告（注：労働者）との間の本件訴訟を追行中に、本件訴訟における原告の主張や訴訟活動に関連することを理由として更新拒絶しており、更新拒絶をするに当たって、弁護士等の法律専門家の助言を得ようとすれば容易に得られたにもかかわらず、そのような助言を得た上で更新拒絶を行なった形跡は窺われないこと、なども考慮すると、違法な更新拒絶を行うにつき、被告には故意又は少なくとも過失があったものと認められる。そうすると、被告による更新拒絶は不法行為を構成するものと認められる。」と述べ、慰謝料50万円を損害として認めました。

〈補足説明〉

　この事件は、使用者による雇止めが、訴訟を提起するなどした労働者を忌避して行われたことが明らかな場合でした。

　そして、雇止めが無効とされた根拠が労働契約法19条1号であったことや、雇止めが経営上の理由からではなく、不当な目的で行われたことが重視され、このような結論になったものと思われます。

③ 懲戒解雇の場合

(1) 原則的な考え方
　～賃金の支払いによる精神的苦痛の慰謝～

> **Q**
>
> 懲戒解雇について不法行為が成立するかどうかは、解雇の場合と
> 同様に考えればよいですか。

> **A**
>
> 解雇の場合と同様の理由で、原則は成立しないと考えられます。

【問題の所在】

　解雇と懲戒解雇は、労働契約が終了するという法律効果の点では同じものですが、懲戒権の行使という点で、普通解雇とは区別されています。

　そうすると、懲戒解雇が無効となった場合の不法行為の成立について、普通解雇とは別に考慮すべき点があるのでしょうか。

裁判例：原則的な考え方を述べるもの

　平成28年7月19日東京地裁判決（80・クレディ・スイス証券（懲戒解雇）事件）は、セクハラ行為等を理由とする懲戒解雇について、無効と判断したものですが、不法行為の成立については、「本件懲戒解雇と、その前提である本件諭旨退職は、いずれも無効であるが、諭旨退職及び懲戒処分が無効であることから直ちに不法行為が成立するわけではなく、別途、不法行為の成立要件を充足するか検討す

べき」と述べました。

　また、損害については、「特段の事情がない限り、懲戒解雇が無効とされ、解雇期間中の賃金が支払われれば回復されるものと解され、この点でも、諭旨退職及び懲戒解雇が無効であることから直ちに不法行為が成立するわけではない」と述べ、労働者が懲戒処分を受けて然るべきであるという本件の事情（懲戒事由は認められるが相当性が否定され無効とされたこと）からも、特段の事情があるとは認められないと判断しました。

(2) 二重処罰の禁止に違反した場合
　　～刑事処分と類似の制約～

Q
懲戒解雇の場合、普通解雇と異なり考慮すべき点はありますか。

A
同一の事由について、重ねて懲戒する場合には、違法な懲戒処分となり、不法行為の成立を認めた裁判例があります。

【問題の所在】

　懲戒解雇（懲戒処分）は、普通解雇と異なり、刑事処分と類似の制約に服するといわれています。

　例えば、同種の懲戒事由については、同じ種類と程度の懲戒としなければならない公平の原則等です。公平性を欠く懲戒解雇（懲戒処分）は、相当性が認められないことになります。

　では、さらに進んで不法行為まで成立する場合はあるのでしょうか。

裁判例：二重処罰の禁止に反するとして肯定したもの
平成26年10月10日大阪地裁判決（**46**・WILLER EXPRESS西日

本事件）は、懲戒解雇及びそれに先行して行われた自宅謹慎等の不利益処分について効力が争われたものです。

　懲戒事由は、バスの運転手であった労働者が、平成20年6月、乗務の数時間前に飲酒行為を行ったことでしたが、使用者は、当該飲酒行為について、当初は懲戒解雇とせず自宅待機処分としただけでした。

　しかし、使用者は、①平成24年7月、上記飲酒行為を理由に無期限の車庫待機を、②同年9月、上記飲酒行為を理由に出勤停止処分を、③平成25年3月、就労拒否等を理由とした懲戒解雇を、④平成26年6月30日、上記飲酒行為を理由に懲戒解雇としました。

　裁判所は、上記飲酒行為自体については「懲戒解雇を受けてもやむを得ない立場にあったものである」と述べながら、「そうであるからといって、違法な本件各処分（注：②ないし④）を受けなければならない理由はない。そして原告（注：労働者）らは、被告（注：使用者）から多数回かつ長期間にわたる違法な本件各処分を受けたことにより、労働契約上の地位確認や賃金の支払いを受けただけではてん補され得ない精神的損害が生じた」と判断し、慰謝料50万円を損害と認めました。

　なお、裁判所が、上記②及び④について違法な処分と述べたのは、「同一の行為について重ねて懲戒権を行使することは、その権利を濫用したものとして無効とされる。」との理解を前提にしたものです。

〈補足説明〉

　懲戒処分は、懲戒権の行使である以上、刑事罰と同様、同一の事由について重ねて責任を問われてはならないものと解されています（二重処罰の禁止）。また、同様の概念で、一度、懲戒事由にあたらないと判断されたことについて改めて懲戒の対象となるかを審理し

てもならないとも解されています（一事不再理）。

　上記裁判例は、当初の飲酒行為を理由に懲戒解雇とされていれば、それ自体は問題とならなかったはずですが、一度、自宅待機処分としておきながら、出勤停止処分とし、さらに懲戒解雇としたことが相当性を欠くとして無効としただけでなく、不法行為の成立まで認めたものでした。

（3）手続違反がある場合
～弁明の機会の付与等の重要性～

Q

懲戒処分において弁明の機会を与えなかった場合、それが無効となるだけでなく不法行為となることはありますか。

A

不法行為と認められる場合があります。

【問題の所在】

　懲戒処分は、その内容だけでなく、手続に違反した場合も相当性が認められない場合があります。例えば、弁明の機会（弁明手続）を付与しないような場合が典型例です。次の裁判例は、普通解雇が問題となったものではありますが、懲戒手続と同様に弁明の機会の付与が問題となり、その点について言及したものです。

裁判例：弁明の機会に言及したもの

　平成28年3月29日京都地裁判決（**75・**O公立大学法人（O大学・准教授）事件）は、適格性を欠いたことを理由とする解雇について、解雇事由がないとして無効と判断したものですが、労働者が、解雇及びそれに至る手続について不法行為の成立を主張しました。

　裁判所は、解雇それ自体については「本件解雇の無効を前提とす

る地位の確認及び賃金請求権の取得では塡補されない精神的苦痛が生じたとまで認めるに足りる証拠はないといわざるを得ず、上記主張は採用できない。」と判断しました。

　また、本件における解雇に及ぶまでの手続としては、労働者に懲戒等審査委員会に出頭して弁明する機会が与えられながら、実際に出頭には至らなかったものの、書面により弁明書が提出されたものでした。

　裁判所は「解雇審査において原告（注：労働者）にとって最も重要な手続は、弁明の機会付与と考えられるところ、懲戒等審査委員会は、原告からの申入れを受けて、原告の出頭可能と考えられる時期に口頭弁明期日を設定し、弁明書の提出期限もこれにあわせて延長しているのであって、原告の申入れを無視して、解雇審査手続を進めたとは認められない。」と判断し、不法行為の成立を否定しました。

裁判例：諭旨解雇の勧告に応じるか検討する機会の付与

　平成29年10月4日前橋地裁判決（110・国立大学法人群馬大学事件）は、労働者に対する懲戒解雇について相当性を欠くとして無効と判断したものです。

　この事件では、使用者は、労働者に対し、当初諭旨解雇とする旨を告げて退職願の提出を勧告していたところ、労働者がその場で応諾書にサインせず帰宅したことをもって、諭旨解雇の応諾を拒否したと判断し、懲戒解雇としたものでした。

　そのため、裁判所は、懲戒処分を相当とするだけの懲戒事由が認められないこと等を前提に、「懲戒解雇は、退職金の支給がなく、再就職等にも少なからず影響を与える重大な処分であることからすれば、原告（注：労働者）の諭旨解雇の勧告に応じる機会は法律上保護に値する利益というべき」と述べ、使用者が本件諭旨解雇を本

件懲戒解雇に切り替えた行為について不法行為の成立を認めました。

　損害については「諭旨解雇の勧告に応じるか否かを検討する機会が全く与えられていない事案と比較すれば違法の程度は高いとはいえず、原告の精神的損害は、未払賃金の支払等によっても一定程度回復しうると考えられる。」と述べて、慰謝料15万円を相当と認めました。

〈補足説明〉

　平成29年10月4日前橋地裁判決（**110**・国立大学法人群馬大学事件）は、使用者が、諭旨解雇に応じない場合に懲戒解雇とする旨の規定に従い労働者を懲戒解雇としたものと思われますが、それに応じるかどうかを熟慮するだけの十分な機会（時間）を与えなかったことが問題となっています。

　懲戒解雇における相当性は、弁明手続の有無に限らず、懲戒処分の全体について手続的保障が満たされる必要がありますので注意が必要です。

（4）懲戒事由がある場合 〜相当性が否定された場合〜

懲戒事由がある場合であっても、そのことは考慮されませんか。

不法行為を否定する理由として考慮する裁判例があります。

【問題の所在】

　懲戒解雇（懲戒処分）が無効となるためには、懲戒事由がない場合と懲戒事由があるけれども相当性を欠く場合とがあります。

　では、労働者にも懲戒処分とされることに落ち度（懲戒事由）が

ある場合には、そのことは考慮されないのでしょうか。

裁判例：懲戒事由があることを理由に不法行為の成立を否定したもの

平成28年7月19日東京地裁判決（**80・クレディ・スイス証券（懲戒解雇）事件**）は、セクハラ行為等を理由とする懲戒解雇について、無効と判断したものです。

裁判所は、一般論を述べた上で「本件諭旨退職及び本件懲戒解雇が無効とされるのは、これらの懲戒処分は社会通念上相当と認められないからであって、原告（注：労働者）の各行為はそれぞれ懲戒事由に該当し、その内容からして原告は相応の懲戒処分を受けて然るべきであると考えられること、本件諭旨退職及び本件懲戒解雇の処分自体は所定の手続を経て行われていることを併せ考慮すれば、本件諭旨退職及び本件懲戒解雇が不法行為法上違法な処分であるとまでいうことはできない。」と判断しました。

裁判例：労働者の非違行為の存在に言及したもの

平成28年5月30日東京地裁判決（**77・無洲事件**）は、懲戒解雇された労働者が、地位確認及び賃金支払請求は行わず、時間外労働等割増賃金の支払いのほか、懲戒解雇について不法行為が成立すると主張して損害賠償を請求したものです。

裁判所は、懲戒解雇について、就業規則の周知がされていなかったことから、それに基づく懲戒解雇については効力を有しないと判断しながらも「他方、本件懲戒解雇が、その根拠となる就業規則の周知性要件が具備されていなかったという手続的理由により無効と解されるとしても、そのことから、本件懲戒解雇が直に不法行為になるわけではない。」と述べました。

その上で、労働者が棚卸しの不実記載を行ったこと、その直後か

ら納品伝票の日付を実際の納品日から遅らせることを継続的に行った事実を認め「原告（注：労働者）が不実の報告を繰り返したことは重大な非違行為と評価されてもやむを得ない。そうすると、本件懲戒解雇は、無効ではあっても、原告に対する関係で、不法行為を構成するような違法性があるとまでは認めることはできない。」と述べ、不法行為の成立を認めませんでした。

（5）懲戒事由がなかった場合
～事実の認定が不自然・不合理～

Q

懲戒事由がないと判断された場合、不法行為が成立しますか。

A

それだけでは不法行為とは認められませんが、それまでの経緯に不相当な手続や判断が含まれていれば、不法行為となる場合もあります。

【問題の所在】

懲戒事由がないと判断されれば、無実の者に懲戒権を行使したこととなります。そのため、その違法性は大きく、不法行為の成立も肯定されやすいのでしょうか。

裁判例：使用者の判断が不自然・不合理でないとしたもの

平成28年2月26日東京地裁判決（**73・野村證券事件**）は、労働者に対する懲戒解雇の効力を無効と判断したものですが、使用者は、労働者の行為によりインサイダー取引が行われたという証券取引等監視委員会が認定した事実及び同事実に対する勧告を契機として、労働者を懲戒解雇としたものでした。

裁判所は、勧告を受けた事実は認められないと判断し、懲戒解雇

は無効としましたが、不法行為の成否については一般論を述べた上で「被告（注：使用者）は、証券取引等に関する国の専門的機関である証券取引等監視委員会がその権限に基づいて調査をした結果認定した事実が正しいものと信じて本件懲戒解雇をおこなったものと解することができ、そのような当時の被告の判断それ自体が不自然、不合理なものであったとは認められない。」「本件懲戒解雇が、社会的相当性を逸脱し、不法行為法上違法の評価を受けるものとまでは認めるに足りないというべきであるし、また、不法行為の成立要件である違法な権利侵害についての故意、過失のいずれについても認めるに足りないともいうべきである。」として、成立を否定しました。

裁判例：使用者の対応を相当とせず不法行為の成立を認めたもの

平成29年3月9日名古屋高裁判決（97・ジブラルタ生命（旧エジソン生命）事件）は、労働者に対する懲戒解雇を有効とした原審（平成27年10月22日名古屋地裁判決・67）の判断を覆し、無効と判断したものです。

懲戒解雇は、労働者が配転命令に応じなかったことから、意図的に保険契約の募集業務を懈怠したことを理由とするものですが、裁判所は、労働者がSPL（営業職の採用・育成を行う管理職）の職種に限定して採用されたものと認めました。そのため、SPLの職種の廃止に伴い労働者を営業職とする配転命令は人事権を濫用した無効なものと判断し、業務懈怠を理由とする懲戒解雇も理由がなく無効と判断しました。

その上で、裁判所は、SPLの職種自体を廃止することは許容されるとしても、当該職種に限定して採用された労働者について「控訴人（注：労働者）がそのビジョンに共鳴し特別採用に応募して入社したばかりの時期にSPLの職種自体を廃止するというのであるから、エジソン生命及び被控訴人（注：使用者。労働者を採用したエ

ジソン生命を吸収合併した会社）としては、控訴人の意向を十分に聴取し、また、控訴人と十分協議しつつ、可能な限り従前のSPLの業務と同等かそれに近い職種や職場に移行することができるよう丁寧で誠実な対応をすることが信義則上求められるというべきである。」と述べました。

そして、裁判所は、①使用者が、配置転換にあたり、労働者に対して4つの職種を選択肢として示しながら、期限までに希望しない場合には営業社員になるといった、配慮の欠く提示をしたこと、②企業規模からすれば4つの職種のうちの一部の労働条件を変容させるなどして選択肢として示すなど柔軟かつきめ細やかな対応をすることが可能であったこと、③営業職に配置転換し、のちに、営業職として作成すべき書類の作成を強要したこと等を理由に、不法行為の成立を認め、慰謝料として100万円を認めただけでなく、「本件訴訟を遂行するにあたって相当と認められる弁護士費用も、控訴人の請求額である50万円を下ることはない。」と述べ、損害賠償金額合計150万円を認めました。

〈補足説明〉

懲戒事由については、使用者の責任でその存否を判断しなければなりませんが、平成28年2月26日東京地裁判決（**73**・野村證券事件）は、使用者が、証券取引等監視委員会の判断に依拠したことも不合理でないと判断し、不法行為の成立を否定したものです。この事件では、懲戒事由自体は認められていませんが、それ以外に労働者による不適切な行為があったと認められています。そのため、労働者のそのような行為が、使用者の誤った懲戒解雇の原因を招来したともいえる事案だったのではないかと思われます。

それに対して、平成29年3月9日名古屋高裁判決（**97**・ジブラルタ生命（旧エジソン生命）事件）は、使用者の配慮にかけた相当

とはいえない対応が原因となり、労働者が配転命令に応じないという事態を招いたものです。

　そうすると、懲戒処分にあたり、懲戒事由があるように判断し得たとしても、その原因を作出したのが使用者側にある場合において、それが否定され懲戒事由がなかったと判断されたときには、その判断に過失があったといわれてもやむを得ないものと思われます。

　ちなみに、筆者の経験でも、懲戒解雇が原因で使用者が慰謝料を支払った事件がありました。

　この事件では、ウェブサイトの制作担当者であった労働者が、自らが行うべき業務を隠れて外注し、あたかも自ら業務を行ったように装っているとの疑いが持たれたものでした。

　当初は、外注業者や関係者がその事実を認めたため、使用者は、その労働者を懲戒解雇しましたが、労働者の代理人弁護士から仮処分が申し立てられた頃には、外注業者や関係者が、これまでの供述を覆し、非協力的な態度をとるようになったものでした。

　そのため、依頼を受けた筆者は、まず懲戒解雇を撤回し、さらには、それに基づく損害賠償義務の不存在確認を求めて労働審判を申立て「懲戒事由がないにもかかわらず懲戒解雇をしたわけではなく、立証の問題（つまり、外注業者らが協力しないことが原因）である。労働者の懲戒事由がないことが認められるものではない。」と主張したものでした。

　このような対応を行ったのは、慰謝料の額を抑えたいという意図もありましたが、何よりも、使用者が誤った判断をしたという汚名を着せられることだけは避けたいという事情があったためでした。

　このように、懲戒事由については、その存否だけでなく、立証方法の確保も含めて、使用者の責任で十分に確認する必要があることはいうまでもありません。

4 退職勧奨の場合

（1）自己決定権の侵害 ～多数回かつ長時間に及ぶ場合～

Q

退職勧奨が違法となる場合はありますか。

A

退職勧奨の回数やそれに要した時間、退職勧奨の態様等が相当でない場合には、違法となり不法行為となる場合があります。

【問題の所在】

退職勧奨は、労働契約の解約の申入れないしその誘引として違法とはいえませんが、その態様が相当性を欠く場合は、違法となる場合があります。具体的にはどのような場合でしょうか。

裁判例：大声を出してペットボトルを壁に投げ付けたもの

平成29年3月13日東京地裁判決（**99**・エターナルキャストほか事件）は、使用者の代表者の行為を違法な退職強要行為と認め損害賠償を命じたものです。

この事件では、使用者としては、労働者の経理としての能力が問題と考え当該業務から外すとともに、数回に渡り面談を行った際の、使用者の代表者の言動等が問題となったものです。

裁判所は、約4時間に渡り断続的に行われた面談において、使用者の代表者が労働者に対し「弁護士通じたりとか、連絡しやがって。」「覚えてねえのかこの野郎」「人のこと裏切るのやめろよ。誰に喧嘩

売ってるのか分かってんだろうな。」などと断続的に怒鳴りつけるなどした上、その途中にペットボトルを壁に投げ付けるなどしたことを認定した上で、「原告（注：労働者）が経理業務の主担当から外されたことに不満を持ち、あっせんの申立てをしたり、弁護士に交渉を委任すること自体は何ら不当ではなく、被告会社（注：使用者）が原告を経理業務の主担当から外した経緯等を踏まえても、上記被告Ｙ（注：使用者の代表者）…による本件退職強要行為２が正当化される余地はなく、その態様の悪質性からしても違法というほかない。」としました。

裁判例：長時間かつ多数回に及ぶ退職勧奨を違法と判断したもの

　平成26年２月27日京都地裁判決（28・エム・シー・アンド・ピー事件）は、うつ病により休職し、その後治療を継続しながら復職した労働者に対して行った退職勧奨について、不法行為の成立が認められたものです。

　裁判所は「退職勧奨は、その自由な意思形成を阻害するものであってはならない。」「退職勧奨の態様が、退職に関する労働者の自由な意思形成を促す行為として許容される限度を逸脱し、労働者の退職についての自由な意思決定を困難にするものであったと認められるような場合には、当該退職勧奨は、労働者の退職に関する自己決定権を侵害するものとして違法性を有し、使用者は、当該退職勧奨を受けた労働者に対し、不法行為に基づく損害賠償義務を負うものというべきである」と述べています。

　その上で、①退職勧奨として合計５回の面談が行われ、第２回目は約１時間、第３回目は約２時間、第５回目は約１時間行われたこと、②「退職勧奨に同意したら自己都合退職になる、そうでない場合は解雇である」と述べて、退職勧奨を拒否した場合は解雇する可能性を示唆するなどして退職を求めたこと、③労働者が、第２回及

び第3回の面談で退職勧奨に応じない姿勢を示し、業務量を調整してもらえれば働けると申し出ながら、使用者がそれに応じず面談が長時間に及んでいること等を指摘して、「自己決定権を侵害する違法なものと認めるのが相当である。」として慰謝料30万円を損害として認めました。

裁判例：退職勧奨を含む一連の行為について 不法行為の成立を認めたもの

　平成27年5月27日広島高裁松江支部判決（**57**・学校法人矢谷学園ほか事件・控訴審）は、原審（平成26年4月23日鳥取地裁判決・**35**）の判断を一部変更し、労働者2名に対する各解雇について相当性を欠くとして無効としたものです。

　裁判所は、使用者の代表者が、A高校の副校長であった労働者に対し、①労働者が退職勧奨を拒否する旨回答したことに対して退職しないと降格になる可能性があることを示唆しつつ繰り返し退職をするよう求めたこと、②過去に生じた使用者と労働者との紛争解決に関与した元県議会議員同席のもと、その影響力をもって労働者に対して退職を求めたことについて、退職勧奨の方法として「相当性を欠く」と述べています。

　そして、使用者が、退職勧奨を行い、労働者から回答を得ていない頃から③労働者の退職が決まったような発言を行ったこと、労働者の座席をこれまでの部屋から手狭な部屋に移動させたこと、決裁文書等を回さなかったこと、重要な会議に招集しなかったこと、緊急連絡網から外したことなどを認め、「原告甲野（注：労働者）を精神的に追い込んで退職させようとしたものであり、原告甲野に退職を再考させる方法として相当に陰湿であり、悪質なものといえる。」と述べて、①ないし③について不法行為が成立すると判断し、慰謝料としては100万円を相当としました。

なお、その他にも、裁判所は、使用者の代表者が労働者の所属する高校の管理職全員に対して「管理職のお前達から辞職願を取っておかないと、自分のいうことを聞かないし、本気で働かない。」と述べて辞職願の提出を求めた事実も認め、これについて、代表者の一存で管理職を退職させることができる状況を作り上げることで生じる管理職の恐怖心を利用して従わせようとするものであり、部下を従わせる方法として許容される範囲を逸脱した行為であるとも判断しています。

裁判例：長時間かつ不相当な発言を直接受けた労働者以外との関係でも不法行為を認めたもの

　平成29年10月18日東京高裁判決（**111**・A社長野販売ほか事件・控訴審）は、新たに使用者の代表に就任した者による、労働者4名（いずれも女性）に対する違法な退職の強要があったと認め、原審（平成29年5月17日長野地裁松本支部判決・**103**）よりも慰謝料の金額を増額して、労働者らの請求を認めたものです。

　訴訟資料として、労働者から使用者の代表者との面談時の会話等の録音媒体が提出されたものと推察されますが、裁判所は、使用者の代表者が、その就任時に「部長が1人、次長が2人、係長もいる、女性もいる。これは私がした人事ではないので、できないと思ったら降格してもらう。」などと発言したものと認めました。

　また、使用者の代表者が、経理を担当していた労働者Fに対して、不適切な経理処理をしていると指摘したところ、同人に否定されたことを受け、「前任者が変な人だから、それでしていたのだろう。しかし、それはよいことではない。では、泥棒をしなさいと言われたら、泥棒をするのか。」「子供の使いじゃない。」などと一方的に長時間にわたって話し続けたことを認めています。

　さらに、使用者の代表者は、別の労働者Eに対し、夏季賞与につ

いて説明をする中で、「女性は、自分たちの守るべきことがあるから、必ず新しいことをやろうとすると反発する。」「自分たちは本当に正しいことをやっていたのか。代表者が殺してこいと指示をしたら、殺すのか。」「代表者が悪かったのかもしれないが、みんな知らないで通してしまい、代表者に言われたとおりにしていたから責任がないというのでは、子供の使いである。」「会社としては刑事責任にできる材料があり、訴えることもできるし、その権利を放棄していない。」などと発言したことを認めています。

その上で、裁判所は、労働者E及び労働者Fに対して降格処分及び賞与の減額が行われたことも踏まえ、労働者E及び労働者Fが退職願いを出して退職に至ったことから、使用者の代表者の一連の行為を退職強要として違法な行為と判断しました。

また、労働者G及び労働者Hは、労働者E及び労働者Fに対する使用者の代表者の行為を見聞きし、今後自分たちも同じような対応があると受け止め、退職願を提出して退職したことから、裁判所は、同人らとの関係でも、使用者の代表者の一連の行為を違法な行為と認め、不法行為が成立すると判断しました。

慰謝料については、70万円（労働者E）、100万円（労働者F）、40万円（労働者G）及び40万円（労働者H）が相当と認めました。

〈補足説明〉

退職勧奨に応じなければ解雇になることを示唆したことについて、平成26年2月27日京都地裁判決（**28・エム・シー・アンド・ピー事件**）は、退職勧奨が相当ではなかったことの理由としていますが、そのこと自体はあまり本質的な問題ではないように思われます。

理由は、退職勧奨を行う以上、労働契約を終了させたい理由があるからであって、その理由が客観的に合理的なものであれば、解雇

ですら権利の濫用とならないからです。

　この事件では、使用者は、労働者から業務量を調整すれば働けるとの申出を受けながら、使用者としてそのような解雇を回避する努力を怠り、執拗に退職勧奨を行ったことが問題の本質としてあるといえます。

（2）正当な業務行為
〜自発的な退職意思形成への働きかけ〜

Q

退職勧奨について不法行為が成立しないためには何に注意すればよいですか。

A

退職勧奨を行う明確で正当な理由があり、不当な心理的圧力を加えたり、その名誉感情を不当に害するような言辞を用いたりしないことが必要です。

【問題の所在】

　退職勧奨を行う場合に、どのような点を注意すればよいでしょうか。

裁判例：3回ないし4回にわたり行われたものの否定したもの

　平成25年11月12日東京地裁判決（17・リコー（子会社出向）事件）は、退職勧奨に応じなかった労働者に対する出向命令の有効性が争われ、無効と判断された事件ですが、労働者が退職勧奨について不法行為が成立すると主張しました。

　裁判所は「使用者の説得活動が、労働者の自発的な退職意思の形成を働きかけるという本来の目的実現のために社会通念上相当と認められる程度を超えて、当該労働者に対し不当な心理的圧力を加え

たり、その名誉感情を不当に害するような言辞を用いたりして、その自由な退職意思の形成を妨げたような場合は、当該退職勧奨行為は、もはやその限度を超えたものとして不法行為を構成するというべきである。」と述べました。

　その上で、労働者が、希望退職について消極的な態度又は明確な拒絶を示しているにもかかわらず、3回ないし4回にわたり退職勧奨を行ったことについて「やや執拗な退職勧奨であったことは否めない」としながら、希望退職に応じた場合の退職金の上乗せ措置が1600万円ないし2000万円であり、かつ時限的なものであったため、「複数回にわたって慎重に原告らの意思を確認した方がよいと考えたとしても無理からぬところがある。」などとして、不法行為の成立を否定しました。

裁判例：内定辞退を強要されたとの主張を認めなかったもの

　平成24年12月28日東京地裁判決（4・アイガー事件）は、大学在学中の労働者（内定者）が、使用者の実施したプレゼンテーション研修において、担当の課長から内定辞退を強要されたと主張して、損害賠償の請求を行ったものですが、結論として、裁判所は請求を認めませんでした。

　使用者の担当課長が、第3回の研修において、労働者（採用内定者）に対して「やる気あるの。目を見て喋ってない。」「ダメ出しするレベルでもない。」「辞めろと言っているわけではないが、プレゼンテーションがまったくできていないので、今後を考える意味でもあなたは内定を辞退した方が、会社にとってもあなたにとっても幸せだ。」「あなたはきっと4月にはやめる。」「今年の内定者にはすでに辞退した人もいる。」「辞めろと言っている訳ではないが、このままやる気がないような態度なら、他の内定者に悪影響だ。」など、案に内定辞退を促しているかのような発言を繰り返しており、それ

を受け、労働者もこの場で内定辞退に追い込まれるのではないかとの危惧にかられ、「もう一度考えたい。」「両親に相談するので、2、3日時間が欲しい。」などと言い残して帰宅したことが認められています。

　しかし、裁判所は「被告会社（注：使用者）は、800名もの就職希望者の中から、二度の面接と代表取締役自身による個別面接を経て、慎重に内定者を絞り込み、合計450万円もの多額の費用を投じて、原告（注：労働者）を含む8名の本件新規内定者を選抜したものであって、その中からさらに内定辞退者が生じないよう他社への就職活動を禁じるまでの措置をとっていることに加え、本件各プレゼン研修は、あくまで、本件新規内定者に対し、入社後の業務である営業活動の土台となる心構え等を得させることを目的として実施されたものであることが認められ、これらの事情を踏まえると被告会社が、本件各プレゼン研修の実施に当たって、研修課題として取り上げたプレゼンテーション（実演）の出来いかんにより、内定者の更なる選別を行おうとする意図や動機があったということはできない。」と判断しました。

　また、使用者の担当課長については、「被告会社の社員採用業務について、10年以上もの経験を有する人事担当課長であって、参加内定者の研修内容等が不出来であるからといって、被告会社の意向でもないのに、軽々に、同人に対し、内定辞退を促したり、あるいはこれを強要するなどといった一線を超える言動に及ぶものとは考え難い。」「一連の発言は、…予め入社後予定されている営業活動の厳しさにつき体感させることを目的として行われた指導的な発言にとどまるものと認めるのが相当である。」として、裁判所は、内定辞退の強要にあたるものと評価することはできないと判断しました。

5 定年後再雇用制度（継続雇用）が関係する場合

（1）労働条件の提示 〜これまでと異なる職種の提示〜

Q

定年後再雇用制度で労働条件を提示するにあたり、提示した内容によっては不法行為が成立する場合がありますか。

A

提示した職種がそれまでのものと異なり、継続雇用の実質を欠くとして、不法行為の成立を認めた裁判例があります。

【問題の所在】

定年後再雇用制度において、使用者は、どのような職種での再雇用であっても、再雇用の条件として提示できるのでしょうか。

裁判例：提示された職種から継続雇用の実質を欠いていると判断したもの

平成28年9月28日名古屋高裁判決（83・トヨタ自動車ほか事件・控訴審）は、再雇用の条件について当事者の希望が折り合わず再雇用されなかったところ、使用者の提示した職種がこれまでのものと異なることを理由に、不法行為の成立を認めたものです。

裁判所は、労働者に提示された再雇用された場合の給与水準については問題としませんでしたが、労働者の従前の職種が事務職であったのに対し、再雇用された場合の業務内容として提示を受けたものがシュレッダー機ゴミ袋交換及び清掃等であったことについて

「（注：従前の業務内容と）異なった業務内容を示すことが許されることはいうまでもないが、両者が全く別個の職種に属するなど性質の異なったものである場合には、もはや継続雇用の実質を欠いており、むしろ通常雇用と新規採用の複合行為というほかないから、従前の職種全般に適格性を欠くなど通常雇用を相当とする事情がない限り、そのような業務内容を提示することは許されないと解すべきである。」と述べました。

　その上で、本件についてそのような事情が認め難く、かつ、それ以外に提示できる事務職としての業務があるかどうか十分な検討を行ったとは認め難いとしただけでなく、「あえて屈辱感を覚えるような業務を提示して、控訴人が定年退職せざるを得ないように仕向けたものとの疑いさえ生ずる」と述べて、不法行為の成立を認めました。

　なお、その判断の前提として裁判所は、高年法の趣旨からすれば対象となる労働者の全員に対して継続雇用の機会を適正に与えるべきことを前提に、「定年後の継続雇用としてどのような労働条件を提示するかについては一定の裁量があるとしても、提示した労働条件が、無年金・無収入の期間の発生を防ぐという趣旨に照らして到底容認できないような低額の給与水準であったり、社会通念に照らし当該労働者にとって到底受け入れ難いような職務内容を提示するなど実質的に継続雇用の機会を与えたとは認められない場合においては、当該事業者の対応は改正高年法の趣旨に明らかに反するものであるといわざるを得ない。」と述べています。

　損害については、慰謝料として、再雇用された場合に得られたであろう金額と同額の127万1500円を認めました。

（2）労働条件の提示 ～賃金額～

Q

定年後再雇用の場合に、使用者が提示する賃金額によって違法となる場合がありますか。

A

減額した金額について、合理的な理由もなく、定年前の労働条件との継続性が欠けると判断して不法行為の成立を認めた裁判例があります。

【問題の所在】

定年後再雇用制度において、使用者は、定年前の賃金額から減額された賃金額を、再雇用の条件として提示できるのでしょうか。

裁判例：賃金の約75％減少を正当化する
合理的な理由がないとしたもの

平成29年9月7日福岡高裁判決（**106**・九州惣菜事件）は、原審（平成28年10月27日福岡地裁小倉支部判決・**86**）が、定年後の継続雇用制度において提示された労働条件に合意できず退職となった労働者について、その請求を全て棄却したのに対し、一部、判断を覆し、損害賠償請求を認めたものです。

裁判所は、使用者が労働者に提示した労働条件について、「（注：店舗数の減少のため業務量が減少し得る状況にあったことを理由に）短時間労働者への転換を提案したことには一定の理由があったといえる。」としながら「労働時間の減少（1か月当たりの労働時間が、定年前には172.5時間であった…のに対し、本件提案によれば継続雇用後には96時間（1か月16日勤務とする。）となっており約45パーセント減となっている。）が真にやむを得ないものであっ

たと認めることはできない。そうすると月収ベースの賃金の約75パーセント減少につながるような短時間労働者への転換を正当化する合理的な理由があるとは認められない。」と述べて、不法行為の成立を認めました。

　なお、その前提として裁判所は「同法（注：高年法）9条1項に基づく高年齢者雇用確保措置を講じる義務は、事業主に定年退職者の希望に合致した労働条件の雇用を義務付けるといった私法上の効力を有するものではないものの、その趣旨・内容に鑑みれば、労働契約法制に係る公序の一内容を為しているというべきであるから、同法（同措置）の趣旨に反する事業主の行為、例えば、再雇用について、極めて不合理であって、労働者である高年齢者の希望・期待に著しく反し、到底受け入れがたいような労働条件を提示する行為は、継続雇用制度の導入の趣旨に違反した違法性を有するものであり、事業主の負う高年齢者雇用確保措置を講じる義務の反射的効果として当該高年齢者が有する、上記措置の合理的運用により65歳までの安定的雇用を享受できるという法的保護に値する利益を侵害する不法行為となり得ると解すべきである。」と述べています。

　そして、労働条件の判断基準について「継続雇用制度についても、これら（高年法9条1号又は3号）に準じる程度に、当該定年の前後における労働条件の継続性・連続性が一定程度、確保されることが前提な意思原則となると解するのが相当であり、このように解することが上記趣旨（高年齢者の65歳までの安定雇用の確保）に合致する。」「例外的に、定年退職前のものとの継続性・連続性に欠ける（あるいはそれが乏しい）労働条件の提示が継続雇用制度の下で許容されるためには、同提示を正当化する合理的な理由が存することが必要であると解する。」と述べています。

　損害については、労働者の主張した逸失利益相当額は否定し、慰謝料100万円を認めました。

（3）再雇用拒否の動機
～別件訴訟の提起を理由とする再雇用拒否～

Q

定年後再雇用を拒否することが不当と判断されることはあります
か。

A

再雇用後の労働契約の成立は認められないとしながらも、その動
機が不当と判断し不法行為の成立を認めた裁判例があります。

【問題の所在】

　定年後再雇用が双方当事者の合意に係るとしても、不当な動機に
よりそれを拒否することが不法行為となる場合はあるのでしょう
か。

裁判例：雇止めの動機を不当と判断したもの

　平成31年2月13日東京高裁判決（**124**・国際自動車ほか（再雇用
更新拒絶・本訴）事件・控訴審）は、使用者が定年後の再雇用を拒
否したことについて、原審（平成30年6月14日東京地裁判決（**121**・
国際自動車ほか（再雇用更新拒絶・本訴）事件）の不法行為の成立
を認めた判断を維持するとともに、損害額（慰謝料）を増額して認
めたものです。

　裁判所は「定年後の有期雇用契約の成立を認めることはできない
ものの、第1審被告（注：使用者）会社における本件雇止め等の主
要な動機が、第1審個人原告（注：労働者）らが第1審被告会社に
対し残業代の支払を請求し、その支払を求めるために別件訴訟を提
起したことにあると認められ」ると判断しました。

　その上で「労働条件はともかく再雇用契約が締結される相当程度

の可能性はあったものというべきであり、第1審被告会社の本件再雇用拒否によってこれが侵害されたことについて、上記第1審原告ら3名はその精神的損害の賠償を求めることができるというべきであって、この点は、同人らが請求している慰謝料額の算定において考慮すべきである。」として、裁判を受ける権利に対する違法な侵害を認め、それぞれ100万円の損害を認めました。

〈補足説明〉

　裁判を受ける権利は、憲法上保障された権利であることから、単に訴訟を提起したという理由だけで、不利益な扱いをされることが正当化されることはありません。上記裁判例は、そのことを前提としていることから、使用者の再雇用拒否及びその理由が、「裁判を受ける権利に対する違法な侵害」と判断したものです。

　平成25年12月10日大分地裁判決（**19**・ニヤクコーポレーション事件）でも、使用者との間で別件訴訟が継続している労働者に対する雇止めを違法な更新拒絶と判断しており、これについてもその判断には裁判を受ける権利に対する同様の理解があってのことです。

　これ以外にも、平成29年3月13日東京地裁判決（**99**・エターナルキャストほか事件）で、経理業務を外された労働者が、あっせんを申し立てたり、弁護士に交渉を委任したところ、そのことに不満を持った使用者による退職勧奨を違法と判断していますが、その判断にあたり、労働者のこれらの行為は何ら不当ではないと述べていることも、同様の趣旨に基づくものと理解されます。

6　その他の場合

（1）休職 ～手続的相当性を欠いた場合～

Q

休職手続において不法行為が認められることはありますか。

A

復職の可否を判断するにあたり、手続が相当ではないとして不法行為の成立を認めた裁判例があります。

【問題の所在】

休職事由が消滅したことについては、労働者がそれを証明する責任を負いますが、使用者としてその判断を行うにあたり何か注意する必要はありますか。

裁判例：労働者との面談等を欠いたことが 手続的相当性を欠くとしたもの

平成30年1月31日名古屋地裁判決（**116**・名港陸運事件）は、休職期間満了を理由に労働者を退職扱いしたことについて、休職事由が消滅していたとして、それを無効としたものです。

裁判所は、不法行為の成立については、一般論を述べながら、使用者が、当初、労働者の復職の申出に対して認める方向で検討していながらも、産業医等の意見を聴取するや、改めて労働者と面談したり医師への受診命令等をすることなく退職扱いとしたことを理由に「復職に関する判断を誤ったというにとどまらず、手続的な相当

性にも著しく欠けるものであって、その限度において、不法行為にあたる」と述べ、30万円の慰謝料を認めました。

（2）不当労働行為 ～組合嫌悪を理由とする場合～

Q

労働組合を嫌悪して解雇すると不法行為となりますか。

A

不当労働行為にあたり、不法行為が成立すると判断される場合があります。

【問題の所在】

解雇について、不当労働行為と認められれば無効となりますが、さらに進んで不法行為となるのでしょうか。

裁判例：法人格を濫用した不当労働行為と認められたもの

平成27年6月16日長崎地裁判決（59・サカキ運輸ほか（法人格濫用）事件）は、使用者が、自らの支配下にある会社に事業を譲渡し、それに伴い労働者全員を解雇し、組合員以外の労働者について会社で再雇用したことが法人格を濫用した不当労働行為と認められたものです。

裁判所は、使用者の代表者が行った組合員である労働者に対する解雇について、個人として不法行為が成立することを認め「本件解雇は違法であり、その態様や、原告（注：労働者）らの生活上の不安、他方、原告らが本判決により、未払の給与の支払が受けられることになるなどを勘案すると、上記違法行為により原告らの受けた精神的苦痛を慰謝する金額としては30万円が相当である。」と判断しました。

また、平成29年9月14日東京地裁判決（**109**・日本アイ・ビー・エム（解雇・第5）事件）は、労働組合員に対する業績不良を理由とする解雇について無効と判断したものですが、労働者が不当労働行為にあたり、不法行為が成立すると主張したことについて、裁判所は、「本件解雇が組合嫌悪の意思に基づくものとは推認できない」と述べて、成立を否定しました。

〈補足説明〉

　この裁判例が、不法行為の成立について、不当労働行為か否かを判断しているように、不当労働行為が認められる場合には、解雇等の不利益処分が無効となるだけでなく、不法行為の成立が認められるのが一般的です。

（3）均等法違反 ～妊娠等に対する不利益扱いの禁止～

Q

女性労働者の退職に関して気を付けることはありますか。

A

意図的でなくとも、妊娠等に関して均等法に違反しないように注意すべきです。

【問題の所在】

　均等法は、妊娠中等の女性労働者の不利益扱いを禁止するなどしていることから、意図的でなくとも不利益な扱いとなった場合には、不法行為が成立するのでしょうか。

裁判例：不利益を課す意図がなくとも退職扱いとしたことを
　　　　　過失と認めたもの

　平成29年1月31日東京地裁立川支部判決（**94**・TRUST事件）は、

労働者の妊娠が判明したことを契機に、使用者の申出から派遣会社へ登録したことについて、退職の合意があったして、退職扱いとしたものでした。

裁判所は、自由な意思に基づいて退職に合意したと認められないと述べ、「雇用機会均等法1条、2条の趣旨目的に照らし、仮に当該取扱いに本人の同意があったとしても、妊娠中の不利益扱いを禁止する同法9条3項に該当する場合があるというように、同項が広く解釈されていることに鑑みると、…仮に、被告（注：使用者）側が原告（注：労働者）が退職に同意していたと認識していたとしても、…退職扱いとした被告には、少なくとも過失があり、不法行為が成立すると解される。」として、成立を認めました。

もっとも、使用者に、労働者に一方的に不利益を課す意図がなかった（合意があったと誤認したもの）と推察されることを理由に、慰謝料額を20万円としました。

裁判例：復職を期待していた女性労働者に対する均等法違反の解雇を認めたもの

平成29年7月3日東京地裁判決（105・シュプリンガー・ジャパン事件）は、妊娠等に近接して行われた解雇について、妊娠等以外のことを理由としても、それが理由とならないことを認識すべき場合であったとして、均等法9条3項に違反したとして、無効と判断したものです。

裁判所は、不法行為について「本来であれば育休法や就業規則の定め…に従い、被告（注：使用者）において、復職が円滑に行われるよう必要な措置を講じ、原則として、元の部署・職務に復帰させる責務を負っており、原告もそうした対応を合理的に期待すべき状況にありながら、…均等法及び育休法の規定にも反する解雇を敢行したという経緯をたどっている。」と述べ、賃金支払等によって精

神的苦痛が慰謝されたものとみるのは相当でないと述べて慰謝料50万円を損害として認めました。

裁判例：均等法違反に加え強制執行を免れる意図で使用者である法人を解散したと認め別訴提起を余儀なくされること等を考慮したもの

　平成29年12月22日東京地裁判決（**113**・医療法人社団充友会事件）は、使用者が、第一子を出産し産後休業に入った労働者について、ラインでの会話によって退職の意思表示があったと根拠不十分なまま即断して、退職の合意なく退職扱いしたものです。

　労働者は、退職扱いされたことにより、使用者が労働契約上の権利を有する地位を否定し、賃金を支払わず、育児休業を取得させずその給付金の受給を妨げたことなどの一連の対応について、慰謝料の対象となる不法行為が成立すると主張しました。

　裁判所は、使用者及びその代表者であったＡ理事長には、故意又はこれに準じる著しい重大な過失によって合理的な根拠なく原告を退職したものと扱ったものと判断しました。

　その上で、労働者について、出産間もなく慣れない育児に追われる中で退職扱いとされたことや、使用者の訴訟追行の態様として「原告（注：労働者）が被告（注：使用者）から不当に金を取り立て、又は不当に育児休業給付金を受給しようと画策している」と主張するなどしたことについて、「労働者の心情を著しく逆撫でする態度を継続している」と述べ、「これらの事情を総合すると原告には、労働契約上の権利を有する地位の確認、賃金及び育児休業給付金相当額等の損害賠償に関する請求が別途認容されても回復しえない重大な精神的損害が発生しているというべきである」として、不法行為の成立を認めました。

　そして、裁判所は、損害について、「原告は、本判決を債務名義

として被告の診療報酬債権を差し押さえて債権の満足を測る方法が想定されたところ、被告は、和解協議を通じて、敗訴を予想するや、その事業をA理事長の個人経営に承継させることで、自らに診療報酬債権が発生せず、A理事長に診療報酬債権が発生する状態を作出し、その事実を当裁判所及び原告に速やかに通知せず、人証調べ実施の直前に通知するという不意打ちをしている。原告は、その権利の実現のため、今後、A理事長等に対し、法人格否認の法理、事業譲渡等による労働契約関係その他債務の承継、不法行為、医療法48条1項等に基づく損害賠償責任などを主張する別訴の提起を強いられると見込まれる。」「紛争が継続して原告の精神的損害はさらに拡大していくことが推認される。」「他方、本件全証拠に照らしても、被告との間の紛争の発生に関し、原告に何らかの落ち度があったとは認められない。」「被告は（注：均等法9条3項に違反する不利益取扱いにより原告の）職そのものを奪っていること、…、A理事長には故意又はこれに準じる著しい重大な過失が認められること、…マタニティ・ハラスメントが社会問題となりこれを根絶すべき社会的要請も平成20年以降も年々高まっていることは公知であることにもかんがみると、原告の精神的苦痛を慰謝するための慰謝料には金200万円を要するというべきである。」と判断しました。

〈補足説明〉

本来、解雇等については、賃金の支払いにより精神的苦痛は慰謝されるという考え方から不法行為の成立は否定されるものです。

しかし、平成29年12月22日東京地裁判決（113・医療法人社団充友会事件）では、その内容に均等法違反が認められるだけでなく、退職扱いとすることに正当な理由がないことは容易に認識し得る状況でした。そのため、単なる過失ではなく「故意又はこれに準じる著しい重大な過失」が認められるとまで言及されたものです。

加えて、使用者が、法人を解散し代表者個人に事業を承継させることは、労働者の立場としてこの事件で得ることとなる判決が強制執行に使えないことを意味するだけでなく、裁判所の立場としても、これまでの訴訟手続が徒労となることを意味します。

　そのようなこともあり、損害として、200万円もの慰謝料を裁判所が認めたのではないかと推察します。

（4）採用内定取消し ～期待権の侵害～

> **Q**
>
> 採用内定により労働契約が成立しますが、内定に至っていない内々定を取り消した場合に不法行為が成立することはありますか。

> **A**
>
> 期待権侵害として不法行為の成立が認められる場合があります。

【問題の所在】

　内定取消しについて、無効となる場合はありますが、内々定では契約が成立していないことから、その取消しの効力を考慮する必要はありません。

　もっとも、契約上の責任ではなく、不法行為が成立することはないのでしょうか。

裁判例：信義則に反し期待権を侵害すると判断されたもの

　平成29年4月21日（**102**・学校法人東京純心女子学園（東京純心大学）事件）は、大学の学部設置認可手続において教員名簿に登載されながら採用されなかったことについて、違法な採用内定取消しとして損害賠償請求がされたものです。

　裁判所は、採用が内定したとは認めがたいとしながら、「労働契

約が締結されるであろうとの…期待は法的保護に値する程度に高まっていたことが認められる。」「面接等の採用手続すら執らないとしたのは、誠実な態度とは言いがたい。そうすると、被告（注：使用者）が原告（注：内々定者）甲野を採用しなかったことは、労働契約締結過程における信義則に反し、原告甲野の期待を侵害するものとして不法行為を構成するから、被告は、原告甲野が被告への採用を信頼したために被った損害について、これを賠償すべき責任を負う。」と判断しました。

　もっとも、損害額については、内々定者が逸失利益（採用されていれば得られたであろう利益）を損害として主張したことに対し、「期待権侵害に基づく損害賠償の対象は、被告への採用を信頼したために原告らが被った損害に限られ、採用されたならば得られたであろう利益を損害として請求することはできない。」と述べて、慰謝料50万円を損害と認めました。

（5）会社法429条 〜会社法上の取締役としての責任〜

Q

会社である使用者ではなく、取締役個人が労働者に対して責任を負う場合はありますか。

A

会社法429条により損害賠償義務を負うことがあります。

【問題の所在】

　取締役に個人として損害賠償責任を負わせるものとして、会社法429条がありますが、不法行為における「故意又は過失」とは異なり、職務の執行について「悪意又は重大な過失」が必要とされています。

　どのような場合に認められるのでしょうか。

裁判例：仮処分決定に対する不履行に会社法429条の責任を認めたもの

　平成26年2月20日東京高裁判決（26・A式国語教育研究所代表取締役事件）は、仮処分決定に基づく賃金の仮払いをしなかったことについて、その取締役の責任を認めた事件です（解雇については責任を否定しました）。

　会社法429条の責任が認められるためには、取締役が、その職務について「悪意又は重大な過失」により損害を生じさせることが必要となります。

　裁判所は、仮処分の決定に基づく執行を免れるために使用者名義の口座から別口座に送金していること等の事実を認定し仮払いの不履行に「悪意」があったものと認めました。

　損害については、「仮処分手続における審尋等により控訴人ら（注：労働者2名）が仮払いを求める事情を本件会社（注：使用者）の代表者であった被控訴人（注：代表取締役）は認識できたから、仮払いに応じないことにより控訴人甲野に損害を与える結果となることを認識していたというべきである。」と述べて、会社法429条の責任及び不法行為に基づく責任を認めました。

　損害としては、未払賃金相当額については否定し、慰謝料について、会社が仮払いに応じなかったことにより「生活の糧に窮する状態が継続したことに照らすと、上記のとおり、本件会社に対して未払賃金債権を有しており、今後、その支払がされることになったとしても、仮払いの不履行によって控訴人甲野が被った精神的苦痛のすべてが慰謝されることになるわけではないというべきである。」と述べて、20万円の慰謝料と2万円の弁護士費用を損害として認めました。また、もう1名の労働者についても同様の判断をして慰謝料及び弁護士費用を損害として認めました。

〈巻末資料〉

労働契約法（抄）

（労働契約の原則）

第3条　労働契約は、労働者及び使用者が対等の立場における合意に基づいて締結し、又は変更すべきものとする。

2　労働契約は、労働者及び使用者が、就業の実態に応じて、均衡を考慮しつつ締結し、又は変更すべきものとする。

3　労働契約は、労働者及び使用者が仕事と生活の調和にも配慮しつつ締結し、又は変更すべきものとする。

4　労働者及び使用者は、労働契約を遵守するとともに、信義に従い誠実に、権利を行使し、及び義務を履行しなければならない。

5　労働者及び使用者は、労働契約に基づく権利の行使に当たっては、それを濫用することがあってはならない。

（労働契約の成立）

第7条　労働者及び使用者が労働契約を締結する場合において、使用者が合理的な労働条件が定められている就業規則を労働者に周知させていた場合には、労働契約の内容は、その就業規則で定める労働条件によるものとする。ただし、労働契約において、労働者及び使用者が就業規則の内容と異なる労働条件を合意していた部分については、第12条に該当する場合を除き、この限りでない。

（懲戒）

第15条　使用者が労働者を懲戒することができる場合において、当該懲戒が、当該懲戒に係る労働者の行為の性質及び態様その他の事情に照らして、客観的に合理的な理由を欠き、社会通念上相当であると認められない場合は、その権利を濫用したものとして、当該懲戒は、無効とする。

（解雇）

第16条　解雇は、客観的に合理的な理由を欠き、社会通念上相当であると認められない場合は、その権利を濫用したものとして、無効とする。

（契約期間中の解雇等）

第17条　使用者は、期間の定めのある労働契約（以下この章において「有

期労働契約」という。）について、やむを得ない事由がある場合でなければ、その契約期間が満了するまでの間において、労働者を解雇することができない。

2　使用者は、有期労働契約について、その有期労働契約により労働者を使用する目的に照らして、必要以上に短い期間を定めることにより、その有期労働契約を反復して更新することのないよう配慮しなければならない。

（有期労働契約の更新等）
第19条　有期労働契約であって次の各号のいずれかに該当するものの契約期間が満了する日までの間に労働者が当該有期労働契約の更新の申込みをした場合又は当該契約期間の満了後遅滞なく有期労働契約の締結の申込みをした場合であって、使用者が当該申込みを拒絶することが、客観的に合理的な理由を欠き、社会通念上相当であると認められないときは、使用者は、従前の有期労働契約の内容である労働条件と同一の労働条件で当該申込みを承諾したものとみなす。

一　当該有期労働契約が過去に反復して更新されたことがあるものであって、その契約期間の満了時に当該有期労働契約を更新しないことにより当該有期労働契約を終了させることが、期間の定めのない労働契約を締結している労働者に解雇の意思表示をすることにより当該期間の定めのない労働契約を終了させることと社会通念上同視できると認められること。

二　当該労働者において当該有期労働契約の契約期間の満了時に当該有期労働契約が更新されるものと期待することについて合理的な理由があるものであると認められること。

　労働基準法（抄）
（定義）
第9条　この法律で「労働者」とは、職業の種類を問わず、事業又は事務所（以下「事業」という。）に使用される者で、賃金を支払われる者をいう。

第11条　この法律で賃金とは、賃金、給料、手当、賞与その他名称の如何を問わず、労働の対償として使用者が労働者に支払うすべてのものをいう。

第12条　この法律で平均賃金とは、これを算定すべき事由の発生した日以前3箇月間にその労働者に対し支払われた賃金の総額を、その期間の総日数で除した金額をいう。ただし、その金額は、次の各号の一によって計算した金額を下ってはならない。

一　賃金が、労働した日若しくは時間によって算定され、又は出来高払制その他の請負制によって定められた場合においては、賃金の総額をその期間中に労働した日数で除した金額の100分の60

二　賃金の一部が、月、週その他一定の期間によって定められた場合においては、その部分の総額をその期間の総日数で除した金額と前号の金額の合算額

2　前項の期間は、賃金締切日がある場合においては、直前の賃金締切日から起算する。

3　前二項に規定する期間中に、次の各号のいずれかに該当する期間がある場合においては、その日数及びその期間中の賃金は、前二項の期間及び賃金の総額から控除する。

一　業務上負傷し、又は疾病にかかり療養のために休業した期間

二　産前産後の女性が第65条の規定によって休業した期間

三　使用者の責めに帰すべき事由によって休業した期間

四　育児休業、介護休業等育児又は家族介護を行う労働者の福祉に関する法律（平成3年法律第76号）第2条第1号に規定する育児休業又は同条第2号に規定する介護休業（同法第61条第3項（同条第6項において準用する場合を含む。）に規定する介護をするための休業を含む。第39条第10項において同じ。）をした期間

五　試みの使用期間

4　第1項の賃金の総額には、臨時に支払われた賃金及び3箇月を超える期間ごとに支払われる賃金並びに通貨以外のもので支払われた賃金で一定の範囲に属しないものは算入しない。

5　賃金が通貨以外のもので支払われる場合、第1項の賃金の総額に算入すべきものの範囲及び評価に関し必要な事項は、厚生労働省令で定める。

6　雇入後3箇月に満たない者については、第1項の期間は、雇入後の期間とする。

7　日日雇い入れられる者については、その従事する事業又は職業について、厚生労働大臣の定める金額を平均賃金とする。

8　第1項乃至第6項によって算定し得ない場合の平均賃金は、厚生労働大臣の定めるところによる。

（契約期間等）

第14条　労働契約は、期間の定めのないものを除き、一定の事業の完了に必要な期間を定めるもののほかは、3年（次の各号のいずれかに該当する労働契約にあっては、5年）を超える期間について締結してはならない。

一　専門的な知識、技術又は経験（以下この号及び第41条の2第1項第1号において「専門的知識等」という。）であって高度のものとして厚生労働大臣が定める基準に該当する専門的知識等を有する労働者（当該高度の専門的知識等を必要とする業務に就く者に限る。）との間に締結される労働契約

二　満60歳以上の労働者との間に締結される労働契約（前号に掲げる労働契約を除く。）

2　厚生労働大臣は、期間の定めのある労働契約の締結時及び当該労働契約の期間の満了時において労働者と使用者との間に紛争が生ずることを未然に防止するため、使用者が講ずべき労働契約の期間の満了に係る通知に関する事項その他必要な事項についての基準を定めることができる。

3　行政官庁は、前項の基準に関し、期間の定めのある労働契約を締結する使用者に対し、必要な助言及び指導を行うことができる。

（解雇制限）

第19条　使用者は、労働者が業務上負傷し、又は疾病にかかり療養のために休業する期間及びその後30日間並びに産前産後の女性が第65条の規定によって休業する期間及びその後30日間は、解雇してはならない。ただし、使用者が、第81条の規定によって打切補償を支払う場合又は天災事変その他やむを得ない事由のために事業の継続が不可能となった

場合においては、この限りでない。

2　前項但書後段の場合においては、その事由について行政官庁の認定を受けなければならない。

（解雇の予告）

第20条　使用者は、労働者を解雇しようとする場合においては、少くとも30日前にその予告をしなければならない。30日前に予告をしない使用者は、30日分以上の平均賃金を支払わなければならない。但し、天災事変その他やむを得ない事由のために事業の継続が不可能となった場合又は労働者の責に帰すべき事由に基いて解雇する場合においては、この限りでない。

2　前項の予告の日数は、1日について平均賃金を支払った場合においては、その日数を短縮することができる。

3　前条第2項の規定は、第1項但書の場合にこれを準用する。

第21条　前条の規定は、左の各号の一に該当する労働者については適用しない。但し、第1号に該当する者が1箇月を超えて引き続き使用されるに至った場合、第2号若しくは第3号に該当する者が所定の期間を超えて引き続き使用されるに至った場合又は第4号に該当する者が14日を超えて引き続き使用されるに至った場合においては、この限りでない。

一　日日雇い入れられる者

二　2箇月以内の期間を定めて使用される者

三　季節的業務に4箇月以内の期間を定めて使用される者

四　試の使用期間中の者

（退職時等の証明）

第22条　労働者が、退職の場合において、使用期間、業務の種類、その事業における地位、賃金又は退職の事由（退職の事由が解雇の場合にあっては、その理由を含む。）について証明書を請求した場合においては、使用者は、遅滞なくこれを交付しなければならない。

2　労働者が、第20条第1項の解雇の予告がされた日から退職の日までの間において、当該解雇の理由について証明書を請求した場合においては、使用者は、遅滞なくこれを交付しなければならない。ただし、解雇

の予告がされた日以後に労働者が当該解雇以外の事由により退職した場合においては、使用者は、当該退職の日以後、これを交付することを要しない。

3　前二項の証明書には、労働者の請求しない事項を記入してはならない。

4　使用者は、あらかじめ第三者と謀り、労働者の就業を妨げることを目的として、労働者の国籍、信条、社会的身分若しくは労働組合運動に関する通信をし、又は第1項及び第2項の証明書に秘密の記号を記入してはならない。

（賃金の支払）

第24条　賃金は、通貨で、直接労働者に、その全額を支払わなければならない。ただし、法令若しくは労働協約に別段の定めがある場合又は厚生労働省令で定める賃金について確実な支払の方法で厚生労働省令で定めるものによる場合においては、通貨以外のもので支払い、また、法令に別段の定めがある場合又は当該事業場の労働者の過半数で組織する労働組合があるときはその労働組合、労働者の過半数で組織する労働組合がないときは労働者の過半数を代表する者との書面による協定がある場合においては、賃金の一部を控除して支払うことができる。

2　賃金は、毎月1回以上、一定の期日を定めて支払わなければならない。ただし、臨時に支払われる賃金、賞与その他これに準ずるもので厚生労働省令で定める賃金（第89条において「臨時の賃金等」という。）については、この限りでない。

（作成及び届出の義務）

第89条　常時10人以上の労働者を使用する使用者は、次に掲げる事項について就業規則を作成し、行政官庁に届け出なければならない。次に掲げる事項を変更した場合においても、同様とする。

一　始業及び終業の時刻、休憩時間、休日、休暇並びに労働者を2組以上に分けて交替に就業させる場合においては就業時転換に関する事項

二　賃金（臨時の賃金等を除く。以下この号において同じ。）の決定、計算及び支払の方法、賃金の締切り及び支払の時期並びに昇給に関する事項

三　退職に関する事項（解雇の事由を含む。）

三の二　退職手当の定めをする場合においては、適用される労働者の範囲、退職手当の決定、計算及び支払の方法並びに退職手当の支払の時期に関する事項

四　臨時の賃金等（退職手当を除く。）及び最低賃金額の定めをする場合においては、これに関する事項

五　労働者に食費、作業用品その他の負担をさせる定めをする場合においては、これに関する事項

六　安全及び衛生に関する定めをする場合においては、これに関する事項

七　職業訓練に関する定めをする場合においては、これに関する事項

八　災害補償及び業務外の傷病扶助に関する定めをする場合においては、これに関する事項

九　表彰及び制裁の定めをする場合においては、その種類及び程度に関する事項

十　前各号に掲げるもののほか、当該事業場の労働者のすべてに適用される定めをする場合においては、これに関する事項

（法令等の周知義務）

第106条　使用者は、この法律及びこれに基づく命令の要旨、就業規則、第18条第2項、第24条第1項ただし書、第32条の2第1項、第32条の3、第32条の4第1項、第32条の5第1項、第34条第2項ただし書、第36条第1項、第37条第3項、第38条の2第2項、第38条の3第1項並びに第39条第4項、第6項及び第7項ただし書に規定する協定並びに第38条の4第1項及び第5項に規定する決議を、常時各作業場の見やすい場所へ掲示し、又は備え付けること、書面を交付することその他の厚生労働省令で定める方法によって、労働者に周知させなければならない。

2　使用者は、この法律及びこの法律に基いて発する命令のうち、寄宿舎に関する規定及び寄宿舎規則を、寄宿舎の見易い場所に掲示し、又は備え付ける等の方法によって、寄宿舎に寄宿する労働者に周知させなければならない。

（付加金の支払）

第114条　裁判所は、第20条、第26条若しくは第37条の規定に違反した使用者又は第39条第7項の規定による賃金を支払わなかった使用者に対して、労働者の請求により、これらの規定により使用者が支払わなければならない金額についての未払金のほか、これと同一額の付加金の支払を命ずることができる。ただし、この請求は、違反のあった時から2年以内にしなければならない。

（時効）

第115条　この法律の規定による賃金（退職手当を除く。）、災害補償その他の請求権は2年間、この法律の規定による退職手当の請求権は5年間行わない場合においては、時効によって消滅する。

第137条　期間の定めのある労働契約（一定の事業の完了に必要な期間を定めるものを除き、その期間が1年を超えるものに限る。）を締結した労働者（第14条第1項各号に規定する労働者を除く。）は、労働基準法の一部を改正する法律（平成15年法律第104号）附則第3条に規定する措置が講じられるまでの間、民法第628条の規定にかかわらず、当該労働契約の期間の初日から1年を経過した日以後においては、その使用者に申し出ることにより、いつでも退職することができる。

労働基準法施行規則（抄）

第2条　労働基準法（昭和22年法律第49号。以下「法」という。）第12条第5項の規定により、賃金の総額に算入すべきものは、法第24条第1項ただし書の規定による法令又は労働協約の別段の定めに基づいて支払われる通貨以外のものとする。

2　前項の通貨以外のものの評価額は、法令に別段の定がある場合の外、労働協約に定めなければならない。

3　前項の規定により労働協約に定められた評価額が不適当と認められる場合又は前項の評価額が法令若しくは労働協約に定められていない場合においては、都道府県労働局長は、第1項の通貨以外のものの評価額を定めることができる。

第3条　試の使用期間中に平均賃金を算定すべき事由が発生した場合においては、法第12条第3項の規定にかかわらず、その期間中の日数及びその期間中の賃金は、同条第1項及び第2項の期間並びに賃金の総額に算入する。

第4条　法第12条第3項第1号から第4号までの期間が平均賃金を算定すべき事由の発生した日以前3箇月以上にわたる場合又は雇入れの日に平均賃金を算定すべき事由の発生した場合の平均賃金は、都道府県労働局長の定めるところによる。

> **雇用の分野における男女の均等な機会及び待遇の確保等に関する法律（抄）**

（目的）
第1条　この法律は、法の下の平等を保障する日本国憲法の理念にのっとり雇用の分野における男女の均等な機会及び待遇の確保を図るとともに、女性労働者の就業に関して妊娠中及び出産後の健康の確保を図る等の措置を推進することを目的とする。

（基本的理念）
第2条　この法律においては、労働者が性別により差別されることなく、また、女性労働者にあっては母性を尊重されつつ、充実した職業生活を営むことができるようにすることをその基本的理念とする。
2　事業主並びに国及び地方公共団体は、前項に規定する基本的理念に従って、労働者の職業生活の充実が図られるように努めなければならない。

（婚姻、妊娠、出産等を理由とする不利益取扱いの禁止等）
第9条　事業主は、女性労働者が婚姻し、妊娠し、又は出産したことを退職理由として予定する定めをしてはならない。
2　事業主は、女性労働者が婚姻したことを理由として、解雇してはならない。
3　事業主は、その雇用する女性労働者が妊娠したこと、出産したこと、

労働基準法（昭和22年法律第49号）第65条第１項の規定による休業を請求し、又は同項若しくは同条第２項の規定による休業をしたことその他の妊娠又は出産に関する事由であって厚生労働省令で定めるものを理由として、当該女性労働者に対して解雇その他不利益な取扱いをしてはならない。

4　妊娠中の女性労働者及び出産後１年を経過しない女性労働者に対してなされた解雇は、無効とする。ただし、事業主が当該解雇が前項に規定する事由を理由とする解雇でないことを証明したときは、この限りでない。

> **育児休業、介護休業等育児又は家族介護を行う労働者の福祉に関する法律（抄）**

（目的）

第１条　この法律は、育児休業及び介護休業に関する制度並びに子の看護休暇及び介護休暇に関する制度を設けるとともに、子の養育及び家族の介護を容易にするため所定労働時間等に関し事業主が講ずべき措置を定めるほか、子の養育又は家族の介護を行う労働者等に対する支援措置を講ずること等により、子の養育又は家族の介護を行う労働者等の雇用の継続及び再就職の促進を図り、もってこれらの者の職業生活と家庭生活との両立に寄与することを通じて、これらの者の福祉の増進を図り、あわせて経済及び社会の発展に資することを目的とする。

（不利益取扱いの禁止）

第10条　事業主は、労働者が育児休業申出をし、又は育児休業をしたことを理由として、当該労働者に対して解雇その他不利益な取扱いをしてはならない。

（準用）

第16条　第10条の規定は、介護休業申出及び介護休業について準用する。

巻末資料

高年齢者等の雇用の安定等に関する法律（抄）

（定年を定める場合の年齢）

第8条　事業主がその雇用する労働者の定年（以下単に「定年」という。）の定めをする場合には、当該定年は、60歳を下回ることができない。ただし、当該事業主が雇用する労働者のうち、高年齢者が従事することが困難であると認められる業務として厚生労働省令で定める業務に従事している労働者については、この限りでない。

（高年齢者雇用確保措置）

第9条　定年（65歳未満のものに限る。以下この条において同じ。）の定めをしている事業主は、その雇用する高年齢者の65歳までの安定した雇用を確保するため、次の各号に掲げる措置（以下「高年齢者雇用確保措置」という。）のいずれかを講じなければならない。

　一　当該定年の引上げ

　二　継続雇用制度（現に雇用している高年齢者が希望するときは、当該高年齢者をその定年後も引き続いて雇用する制度をいう。以下同じ。）の導入

　三　当該定年の定めの廃止

2　継続雇用制度には、事業主が、特殊関係事業主（当該事業主の経営を実質的に支配することが可能となる関係にある事業主その他の当該事業主と特殊の関係のある事業主として厚生労働省令で定める事業主をいう。以下この項において同じ。）との間で、当該事業主の雇用する高年齢者であってその定年後に雇用されることを希望するものをその定年後に当該特殊関係事業主が引き続いて雇用することを約する契約を締結し、当該契約に基づき当該高年齢者の雇用を確保する制度が含まれるものとする。

3　厚生労働大臣は、第1項の事業主が講ずべき高年齢者雇用確保措置の実施及び運用（心身の故障のため業務の遂行に堪えない者等の継続雇用制度における取扱いを含む。）に関する指針（次項において「指針」という。）を定めるものとする。

4　第6条第3項及び第4項の規定は、指針の策定及び変更について準用する。

巻末資料

（公表等）

第10条　厚生労働大臣は、前条第1項の規定に違反している事業主に対し、必要な指導及び助言をすることができる。

2　厚生労働大臣は、前項の規定による指導又は助言をした場合において、その事業主がなお前条第1項の規定に違反していると認めるときは、当該事業主に対し、高年齢者雇用確保措置を講ずべきことを勧告することができる。

3　厚生労働大臣は、前項の規定による勧告をした場合において、その勧告を受けた者がこれに従わなかったときは、その旨を公表することができる。

| 労働組合法 （抄） |

（不当労働行為）

第7条　使用者は、次の各号に掲げる行為をしてはならない。

一　労働者が労働組合の組合員であること、労働組合に加入し、若しくはこれを結成しようとしたこと若しくは労働組合の正当な行為をしたことの故をもって、その労働者を解雇し、その他これに対して不利益な取扱いをすること又は労働者が労働組合に加入せず、若しくは労働組合から脱退することを雇用条件とすること。ただし、労働組合が特定の工場事業場に雇用される労働者の過半数を代表する場合において、その労働者がその労働組合の組合員であることを雇用条件とする労働協約を締結することを妨げるものではない。

二　使用者が雇用する労働者の代表者と団体交渉をすることを正当な理由がなくて拒むこと。

三　労働者が労働組合を結成し、若しくは運営することを支配し、若しくはこれに介入すること、又は労働組合の運営のための経費の支払につき経理上の援助を与えること。ただし、労働者が労働時間中に時間又は賃金を失うことなく使用者と協議し、又は交渉することを使用者が許すことを妨げるものではなく、かつ、厚生資金又は経済上の不幸若しくは災厄を防止し、若しくは救済するための支出に実際に用いられる福利その他の基金に対する使用者の寄附及び最小限の広さの事務所の供与を除くものとする。

四　労働者が労働委員会に対し使用者がこの条の規定に違反した旨の申立てをしたこと若しくは中央労働委員会に対し第27条の12第1項の規定による命令に対する再審査の申立てをしたこと又は労働委員会がこれらの申立てに係る調査若しくは審問をし、若しくは当事者に和解を勧め、若しくは労働関係調整法（昭和21年法律第25号）による労働争議の調整をする場合に労働者が証拠を提示し、若しくは発言をしたことを理由として、その労働者を解雇し、その他これに対して不利益な取扱いをすること。

民法（抄）

（基本原則）

第1条　私権は、公共の福祉に適合しなければならない。

2　権利の行使及び義務の履行は、信義に従い誠実に行わなければならない。

3　権利の濫用は、これを許さない。

（心裡留保）

第93条　意思表示は、表意者がその真意ではないことを知ってしたときであっても、そのためにその効力を妨げられない。ただし、相手方がその意思表示が表意者の真意ではないことを知り、又は知ることができたときは、その意思表示は、無効とする。

2　前項ただし書の規定による意思表示の無効は、善意の第三者に対抗することができない。

（錯誤）

第95条　意思表示は、次に掲げる錯誤に基づくものであって、その錯誤が法律行為の目的及び取引上の社会通念に照らして重要なものであるときは、取り消すことができる。

　一　意思表示に対応する意思を欠く錯誤

　二　表意者が法律行為の基礎とした事情についてのその認識が真実に反する錯誤

2　前項2号の規定による意思表示の取消しは、その事情が法律行為の基

礎とされていることが表示されていたときに限り、することができる。

3　錯誤が表意者の重大な過失によるものであった場合には、次に掲げる
　場合を除き、第1項の規定による意思表示の取消しをすることができな
　い。
　一　相手方が表意者に錯誤があることを知り、又は重大な過失によって
　　知らなかったとき。
　二　相手方が表意者と同一の錯誤に陥っていたとき。

4　第1項の規定による意思表示の取消しは、善意でかつ過失がない第三
　者に対抗することができない。

（契約の締結及び内容の自由）
第521条　何人も、法令に特別の定めがある場合を除き、契約をするかど
　うかを自由に決定することができる。
2　契約の当事者は、法令の制限内において、契約の内容を自由に決定す
　ることができる。

（契約の成立と方式）
第522条　契約は、契約の内容を示してその締結を申し入れる意思表示（以
　下「申込み」という。）に対して相手方が承諾をしたときに成立する。
2　契約の成立には、法令に特別の定めがある場合を除き、書面の作成そ
　の他の方式を具備することを要しない。

（承諾の期間の定めのある申込み）
第523条　承諾の期間を定めてした申込みは、撤回することができない。
　ただし、申込者が撤回をする権利を留保したときは、この限りでない。
2　申込者が前項の申込みに対して同項の期間内に承諾の通知を受けな
　かったときは、その申込みは、その効力を失う。

（遅延した承諾の効力）
第524条　申込者は、遅延した承諾を新たな申込みとみなすことができる。

（承諾の期間の定めのない申込み）
第525条　承諾の期間を定めないでした申込みは、申込者が承諾の通知を

受けるのに相当な期間を経過するまでは、撤回することができない。ただし、申込者が撤回をする権利を留保したときは、この限りでない。

2　対話者に対してした前項の申込みは、同項の規定にかかわらず、その対話が継続している間は、いつでも撤回することができる。

3　対話者に対してした第1項の申込みに対して対話が継続している間に申込者が承諾の通知を受けなかったときは、その申込みは、その効力を失う。ただし、申込者が対話の終了後もその申込みが効力を失わない旨を表示したときは、この限りでない。

（申込者の死亡等）

第526条　申込者が申込みの通知を発した後に死亡し、意思能力を有しない常況にある者となり、又は行為能力の制限を受けた場合において、申込者がその事実が生じたとすればその申込みは効力を有しない旨の意思を表示していたとき、又はその相手方が承諾の通知を発するまでにその事実が生じたことを知ったときは、その申込みは、その効力を有しない。

（承諾の通知を必要としない場合における契約の成立時期）

第527条　申込者の意思表示又は取引上の慣習により承諾の通知を必要としない場合には、契約は、承諾の意思表示と認めるべき事実があった時に成立する。

（申込みに変更を加えた承諾）

第528条　承諾者が、申込みに条件を付し、その他変更を加えてこれを承諾したときは、その申込みの拒絶とともに新たな申込みをしたものとみなす。

（債務者の危険負担等）

第536条　前二条に規定する場合を除き、当事者双方の責めに帰することができない事由によって債務を履行することができなくなったときは、債権者は、反対給付の履行を拒むことができる。

2　債権者の責めに帰すべき事由によって債務を履行することができなくなったときは、債権者は、反対給付の履行を拒むことができない。この場合において、債務者は、自己の債務を免れたことによって利益を得た

ときは、これを債権者に償還しなければならない。

（解除権の行使）

第540条　契約又は法律の規定により当事者の一方が解除権を有するとき
　　は、その解除は、相手方に対する意思表示によってする。

2　前項の意思表示は、撤回することができない。

（期間の定めのある雇用の解除）

第626条　雇用の期間が5年を超え、又はその終期が不確定であるときは、
　　当事者の一方は、5年を経過した後、いつでも契約の解除をすることが
　　できる。

2　前項の規定により契約の解除をしようとする者は、それが使用者であ
　　るときは3箇月前、労働者であるときは2週間前に、その予告をしなけ
　　ればならない。

（期間の定めのない雇用の解約の申入れ）

第627条　当事者が雇用の期間を定めなかったときは、各当事者は、いつ
　　でも解約の申入れをすることができる。この場合において、雇用は、解
　　約の申入れの日から2週間を経過することによって終了する。

2　期間によって報酬を定めた場合には、使用者からの解約の申入れは、
　　次期以後についてすることができる。ただし、その解約の申入れは、当
　　期の前半にしなければならない。

3　6箇月以上の期間によって報酬を定めた場合には、前項の解約の申入
　　れは、3箇月前にしなければならない。

（やむを得ない事由による雇用の解除）

第628条　当事者が雇用の期間を定めた場合であっても、やむを得ない事
　　由があるときは、各当事者は、直ちに契約の解除をすることができる。
　　この場合において、その事由が当事者の一方の過失によって生じたもの
　　であるときは、相手方に対して損害賠償の責任を負う。

（雇用の更新の推定等）

第629条　雇用の期間が満了した後労働者が引き続きその労働に従事する

場合において、使用者がこれを知りながら異議を述べないときは、従前の雇用と同一の条件で更に雇用をしたものと推定する。この場合において、各当事者は、第627条の規定により解約の申入れをすることができる。

2　従前の雇用について当事者が担保を供していたときは、その担保は、期間の満了によって消滅する。ただし、身元保証金については、この限りでない。

（雇用の解除の効力）
第630条　第620条の規定は、雇用について準用する。

（使用者についての破産手続の開始による解約の申入れ）
第631条　使用者が破産手続開始の決定を受けた場合には、雇用に期間の定めがあるときであっても、労働者又は破産管財人は、第627条の規定により解約の申入れをすることができる。この場合において、各当事者は、相手方に対し、解約によって生じた損害の賠償を請求することができない。

民事訴訟法（抄）

（将来の給付の訴え）
第135条　将来の給付を求める訴えは、あらかじめその請求をする必要がある場合に限り、提起することができる。

（訴えの変更）
第143条　原告は、請求の基礎に変更がない限り、口頭弁論の終結に至るまで、請求又は請求の原因を変更することができる。ただし、これにより著しく訴訟手続を遅滞させることとなるときは、この限りでない。

2　請求の変更は、書面でしなければならない。

3　前項の書面は、相手方に送達しなければならない。

4　裁判所は、請求又は請求の原因の変更を不当であると認めるときは、申立てにより又は職権で、その変更を許さない旨の決定をしなければならない。

巻末資料

（時機に後れた攻撃防御方法の却下等）

第157条　当事者が故意又は重大な過失により時機に後れて提出した攻撃
又は防御の方法については、これにより訴訟の完結を遅延させることと
なると認めたときは、裁判所は、申立てにより又は職権で、却下の決定
をすることができる。

2　攻撃又は防御の方法でその趣旨が明瞭でないものについて当事者が必
要な釈明をせず、又は釈明をすべき期日に出頭しないときも、前項と同
様とする。

（仮執行の宣言の失効及び原状回復等）

第260条　仮執行の宣言は、その宣言又は本案判決を変更する判決の言渡
しにより、変更の限度においてその効力を失う。

2　本案判決を変更する場合には、裁判所は、被告の申立てにより、その
判決において、仮執行の宣言に基づき被告が給付したものの返還及び仮
執行により又はこれを免れるために被告が受けた損害の賠償を原告に命
じなければならない。

3　仮執行の宣言のみを変更したときは、後に本案判決を変更する判決に
ついて、前項の規定を適用する。

会社分割に伴う労働契約の承継等に関する法律（抄）

（労働者等への通知）

第2条　会社（株式会社及び合同会社をいう。以下同じ。）は、会社法第
5編第3章及び第5章の規定による分割（吸収分割又は新設分割をいう。
以下同じ。）をするときは、次に掲げる労働者に対し、通知期限日までに、
当該分割に関し、当該会社が当該労働者との間で締結している労働契約
を当該分割に係る承継会社等（吸収分割にあっては同法第757条に規定
する吸収分割承継会社、新設分割にあっては同法第763条第1項に規定
する新設分割設立会社をいう。以下同じ。）が承継する旨の分割契約等（吸
収分割にあっては吸収分割契約（同法第757条の吸収分割契約をいう。
以下同じ。）、新設分割にあっては新設分割計画（同法第762条第1項の
新設分割計画をいう。以下同じ。）をいう。以下同じ。）における定めの
有無、第4条第3項に規定する異議申出期限日その他厚生労働省令で定

める事項を書面により通知しなければならない。

一　当該会社が雇用する労働者であって、承継会社等に承継される事業に主として従事するものとして厚生労働省令で定めるもの

二　当該会社が雇用する労働者（前号に掲げる労働者を除く。）であって、当該分割契約等にその者が当該会社との間で締結している労働契約を承継会社等が承継する旨の定めがあるもの

2　前項の分割をする会社（以下「分割会社」という。）は、労働組合法（昭和24年法律第174号）第2条の労働組合（以下単に「労働組合」という。）との間で労働協約を締結しているときは、当該労働組合に対し、通知期限日までに、当該分割に関し、当該労働協約を承継会社等が承継する旨の当該分割契約等における定めの有無その他厚生労働省令で定める事項を書面により通知しなければならない。

3　前二項及び第4条第3項第1号の「通知期限日」とは、次の各号に掲げる場合に応じ、当該各号に定める日をいう。

一　株式会社が分割をする場合であって当該分割に係る分割契約等について株主総会の決議による承認を要するとき　当該株主総会（第4条第3項第1号において「承認株主総会」という。）の日の2週間前の日の前日

二　株式会社が分割をする場合であって当該分割に係る分割契約等について株主総会の決議による承認を要しないとき又は合同会社が分割をする場合　吸収分割契約が締結された日又は新設分割計画が作成された日から起算して、2週間を経過する日

（承継される事業に主として従事する労働者に係る労働契約の承継）

第3条　前条第1項第1号に掲げる労働者が分割会社との間で締結している労働契約であって、分割契約等に承継会社等が承継する旨の定めがあるものは、当該分割契約等に係る分割の効力が生じた日に、当該承継会社等に承継されるものとする。

商法附則（平成12年5月31日法律第90号）（抄）

（労働契約の取扱いに関する措置）

第5条　会社法（平成17年法律第86号）の規定に基づく会社分割に伴う

労働契約の承継に関しては、会社分割をする会社は、会社分割に伴う労働契約の承継等に関する法律（平成12年法律第103号）第2条第1項の規定による通知をすべき日までに、労働者と協議をするものとする。

2　前項に規定するもののほか、同項の労働契約の承継に関連して必要となる労働者の保護に関しては、別に法律で定める。

参考裁判例一覧

番号	事件名	裁判所	判決・決定年月日			労働判例掲載号・頁		本書掲載頁
1	富士通関西システムズ事件	大阪地裁	H24	3	30	1093	82	54、58
2	いすゞ自動車（雇止め）事件	東京地裁	H24	4	16	1054	5	42、68
3	津田電気計器事件	最高裁	H24	11	29	1064	13	87
4	アイガー事件	東京地裁	H24	12	28	1121	81	215
5	北港観光バス（出勤停止処分等）事件	大阪地裁	H25	1	18	1079	165	106、109
6	エヌエスイー事件	東京地裁	H25	2	22	1080	83	107
7	日本郵便（苫小牧支店・時給制契約社員A雇止め）事件	札幌地裁	H25	3	28	1082	66	72
8	イーハート事件	東京地裁	H25	4	24	1084	84	193
9	医療法人清恵会事件	大阪高裁	H25	6	21	1089	56	56、66、132
10	ファニメディック事件	東京地裁	H25	7	23	1080	5	148、169、183、184、187
11	日本郵便（苫小牧支店・時給制契約社員B雇止め）事件	札幌地裁	H25	7	30	1082	24	72、139、141
12	北海道大学（契約職員雇止め）事件	札幌地裁	H25	8	23	1099	83	35、45、71
13	ロイズ・ジャパン事件	東京地裁	H25	9	11	1087	63	136、186、187
14	金本運送事件	大阪地裁	H25	9	12	1085	76	150
15	全日本海員組合（依命休職処分）事件	東京地裁	H25	9	13	1083	37	167
16	ガイア事件	東京地裁	H25	10	8	1088	82	55
17	リコー（子会社出向）事件	東京地裁	H25	11	12	1085	19	214

番号	事件名	裁判所	判決・決定年月日			労働判例掲載号・頁		本書掲載頁
18	アウトソーシング（解雇）事件	東京地裁	H25	12	3	1094	85	57、65
19	ニヤクコーポレーション事件	大分地裁	H25	12	10	1090	44	29、196、222
20	ソーシャルサービス協会事件	東京地裁	H25	12	18	1094	80	187
21	八重椿本舗事件	東京地裁	H25	12	25	1088	11	74
22	ブーランジェリーエリックカイザージャポン事件	東京地裁	H26	1	14	1096	91	83
23	ベストFAM事件	東京地裁	H26	1	17	1092	98	121
24	日本郵便（苫小牧支店・時給制契約社員A雇止め）事件	札幌高裁	H26	2	14	1093	74	72
25	北海道大学（契約職員雇止め）事件	札幌高裁	H26	2	20	1099	78	35、45、71
26	A式国語教育研究所代表取締役事件	東京高裁	H26	2	20	1100	48	231
27	A住宅福祉協会事件	東京地裁	H26	2	25	1101	62	171
28	エム・シー・アンド・ピー事件	京都地裁	H26	2	27	1092	6	210、213
29	日本郵便（苫小牧支店・時給制契約社員B雇止め）事件	札幌高裁	H26	3	13	1093	5	72
30	学校法人同志社（大学院教授・定年延長拒否）事件	京都地裁	H26	3	24	1107	35	79
31	日産自動車ほか（派遣社員ら雇止め等）事件	横浜地裁	H26	3	25	1097	5	66、67、73
32	コンビニA事件	大阪地裁堺支部	H26	3	25	1109	87	34、64、74

番号	事件名	裁判所	判決・決定 年月日			労働判例 掲載号・頁		本書掲載 頁
33	ヴイテックプロダクト（旧A産業）事件	名古屋地裁岡崎支部	H26	3	27	1104	20	157
34	学校法人大乗淑徳学園事件	さいたま地裁	H26	4	22	1109	83	27、37
35	学校法人矢谷学園ほか事件	鳥取地裁	H26	4	23	1130	50	211
36	資生堂ほか1社事件	横浜地裁	H26	7	10	1103	23	56、131
37	A住宅福祉協会事件	東京高裁	H26	7	10	1101	51	171
38	国立大学法人東京医科歯科大学事件	東京地裁	H26	7	29	1105	49	65、171
39	ギャップ・ジャパン事件	東京地裁	H26	8	8	1107	84	187
40	ワークスアプリケーションズ事件	東京地裁	H26	8	20	1111	84	152
41	国・中労委（JR西日本・動労西日本岡山）事件	東京地裁	H26	8	25	1104	26	33、47、75
42	パワー・マーケティング（仮処分）事件	大阪地裁	H26	8	26	1109	58	53
43	ヒューマンコンサルティングほか事件	横浜地裁	H26	8	27	1114	143	161
44	学校法人同志社（大学院教授・定年延長拒否）事件	大阪高裁	H26	9	11	1107	23	79
45	ヴイテックプロダクト（旧A産業）事件	名古屋高裁	H26	9	25	1104	14	157
46	WILLER EXPRESS西日本事件	大阪地裁	H26	10	10	1111	17	199
47	学校法人錦城学園（高校非常勤講師）事件	東京地裁	H26	10	31	1110	60	44、54、59
48	東京エムケイ（損害賠償請求）事件	東京地裁	H26	11	12	1115	72	111

巻末資料

番号	事件名	裁判所	判決・決定 年月日			労働判例 掲載号・頁		本書掲載 頁
49	福原学園（九州女子短期大学）事件	福岡高裁	H26	12	12	1122	75	60、94
50	A農協事件	長野地裁 松本支部	H26	12	24	1132	61	96
51	弁護士レアール法律事務所事件	東京地裁	H27	1	13	1119	84	158、159、182
52	オクダソカベ事件	札幌地裁	H27	1	20	1120	90	117、120
53	日本ボクシングコミッション事件	東京地裁	H27	1	23	1117	50	176
54	トミテック事件	東京地裁	H27	3	12	1131	87	50、52、140、141
55	いすゞ自動車（雇止め）事件	東京高裁	H27	3	26	1121	52	42、68
56	警備会社A事件	東京地裁 立川支部	H27	3	26	1123	144	28、63
57	学校法人矢谷学園ほか事件	広島高裁 松江支部	H27	5	27	1130	33	211
58	KPIソリューションズ事件	東京地裁	H27	6	2	1143	75	194
59	サカキ運輸ほか（法人格濫用）事件	長崎地裁	H27	6	16	1121	20	224
60	A農協事件	東京高裁	H27	6	24	1132	51	96
61	ピジョン事件	東京地裁	H27	7	15	1145	136	127、149、155
62	学校法人杉森学園事件	福岡地裁	H27	7	29	1132	76	188
63	シャノアール事件	東京地裁	H27	7	31	1121	5	28、33、46、77
64	日産自動車ほか（派遣社員ら雇止め等）事件	東京高裁	H27	9	10	1135	68	66、73
65	エヌ・ティ・ティ・ソルコ事件	横浜地裁	H27	10	15	1126	5	28

番号	事件名	裁判所	判決・決定年月日			労働判例掲載号・頁		本書掲載頁
66	三洋電機（契約社員・雇止め）事件	鳥取地裁	H27	10	16	1128	32	26、38、41、70
67	ジブラルタ生命（旧エジソン生命）事件	名古屋地裁	H27	10	22	1159	30	182、206
68	NHK堺営業センター（地域スタッフ）事件	大阪地裁	H27	11	30	1137	61	98
69	大王製紙事件	東京地裁	H28	1	14	1140	68	156、177
70	全日本海員組合（再雇用更新拒絶）事件	東京地裁	H28	1	29	1136	72	85
71	石長事件	京都地裁	H28	2	12	1151	77	80、128、144
72	シンワ運輸東京事件	東京地裁	H28	2	19	1136	58	84
73	野村證券事件	東京地裁	H28	2	26	1136	32	178、205、207
74	日本アイ・ビー・エム（解雇・第1）事件	東京地裁	H28	3	28	1142	40	173、175、191
75	O公立大学法人（O大学・准教授）事件	京都地裁	H28	3	29	1146	65	201
76	学校法人尚美学園（大学専任教員A・再雇用拒否）事件	東京地裁	H28	5	10	1152	51	90、161
77	無洲事件	東京地裁	H28	5	30	1149	72	204
78	ケー・アイ・エスほか事件	東京地裁	H28	6	15	1189	156	146
79	元アイドルほか（グループB）事件	東京地裁	H28	7	7	1148	69	106
80	クレディ・スイス証券（懲戒解雇）事件	東京地裁	H28	7	19	1150	16	179、198、204
81	国際自動車（再雇用更新拒絶・仮処分第1）事件	東京地裁	H28	8	9	1149	5	100
82	学校法人京都産業大学事件	京都地裁	H28	9	27	1167	80	93

番号	事件名	裁判所	判決・決定 年月日			労働判例 掲載号・頁		本書掲載 頁
83	トヨタ自動車ほか事件	名古屋 高裁	H28	9	28	1146	22	82、217
84	日本郵便（期間雇用社員ら・雇止め）事件	東京高裁	H28	10	5	1153	25	61、62
85	ジャパンレンタカー事件	津地裁	H28	10	25	1160	14	27、31、43
86	九州惣菜事件	福岡地裁 小倉支部	H28	10	27	1167	58	219
87	学校法人尚美学園（大学特別専任教員・雇止め）事件	東京地裁	H28	11	30	1154	81	51
88	学校法人尚美学園（大学専任教員B・再雇用拒否）事件	東京地裁	H28	11	30	1152	13	88
89	ケー・アイ・エスほか事件	東京高裁	H28	11	30	1189	148	146
90	福原学園（九州女子短期大学）事件	最高裁	H28	12	1	1156	5	94
91	医療法人貴医会事件	大阪地裁	H28	12	9	1162	84	105
92	ゴールドレチル（抗告）事件	名古屋 高裁	H29	1	11	1156	18	119
93	学校法人常葉学園（短大准教授・本訴）事件	静岡地裁	H29	1	20	1155	77	164、179
94	TRUST事件	東京地裁 立川支部	H29	1	31	1156	11	123、163、225
95	国立研究開発法人国立A医療研究センター（病院）事件	東京地裁	H29	2	23	1180	99	172、176、189
96	野村證券事件	東京高裁	H29	3	9	1160	28	178
97	ジブラルタ生命（旧エジソン生命）事件	名古屋 高裁	H29	3	9	1159	16	181、206、207

巻末資料

番号	事件名	裁判所	判決・決定 年月日			労働判例 掲載号・頁		本書掲載 頁
98	学校法人尚美学園（大学専任教員Ａ・再雇用拒否）事件	東京高裁	H29	3	9	1180	89	89、90、162
99	エターナルキャストほか事件	東京地裁	H29	3	13	1189	129	209、222
100	エイボン・プロダクツ事件	東京地裁	H29	3	28	1164	71	115、174、175
101	札幌交通事件	札幌地裁	H29	3	28	1169	13	42、47
102	学校法人東京純心女子学園（東京純心大学）事件	東京地裁	H29	4	21	1172	70	229
103	Ａ社長野販売ほか事件	長野地裁松本支部	H29	5	17	1179	63	212
104	ジャパンレンタカー事件	名古屋高裁	H29	5	18	1160	5	27、31、43、149
105	シュプリンガー・ジャパン事件	東京地裁	H29	7	3	1178	70	226
106	九州惣菜事件	福岡高裁	H29	9	7	1167	49	82、87、219
107	日本郵便（新東京局・雇止め）事件	東京地裁	H29	9	11	1180	56	39、41、64、75
108	札幌交通事件	札幌高裁	H29	9	14	1169	5	42、47、48
109	日本アイ・ビー・エム（解雇・第5）事件	東京地裁	H29	9	14	1183	54	225
110	国立大学法人群馬大学事件	前橋地裁	H29	10	4	1175	71	180、183、184、202、203
111	Ａ社長野販売ほか事件	東京高裁	H29	10	18	1179	47	212
112	公益財団法人東京横浜独逸学園事件	横浜地裁	H29	11	28	1184	21	27、37、53、69、145、160、163、173
113	医療法人社団充友会事件	東京地裁	H29	12	22	1188	56	112、114、118、122、157、227、228